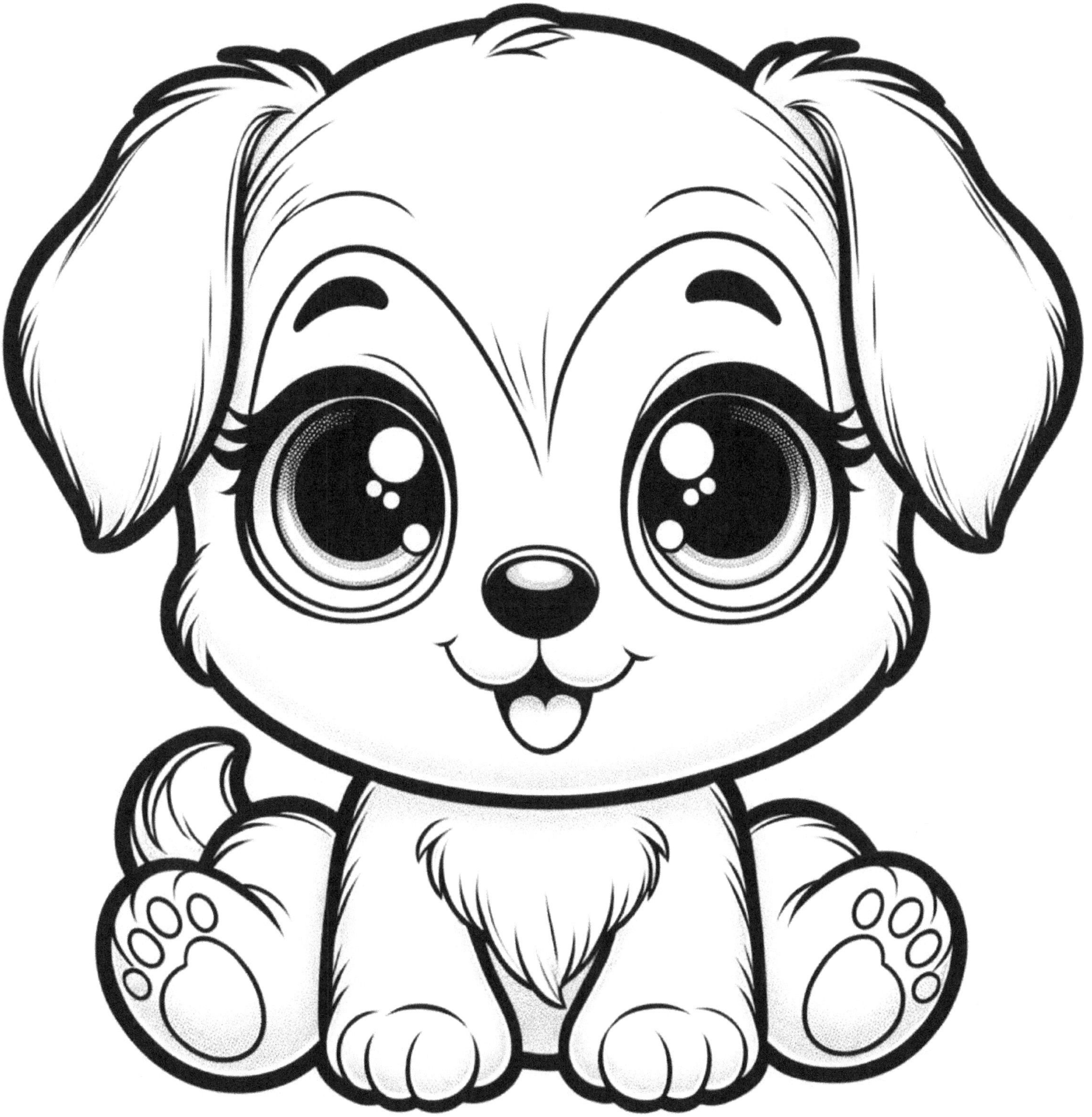

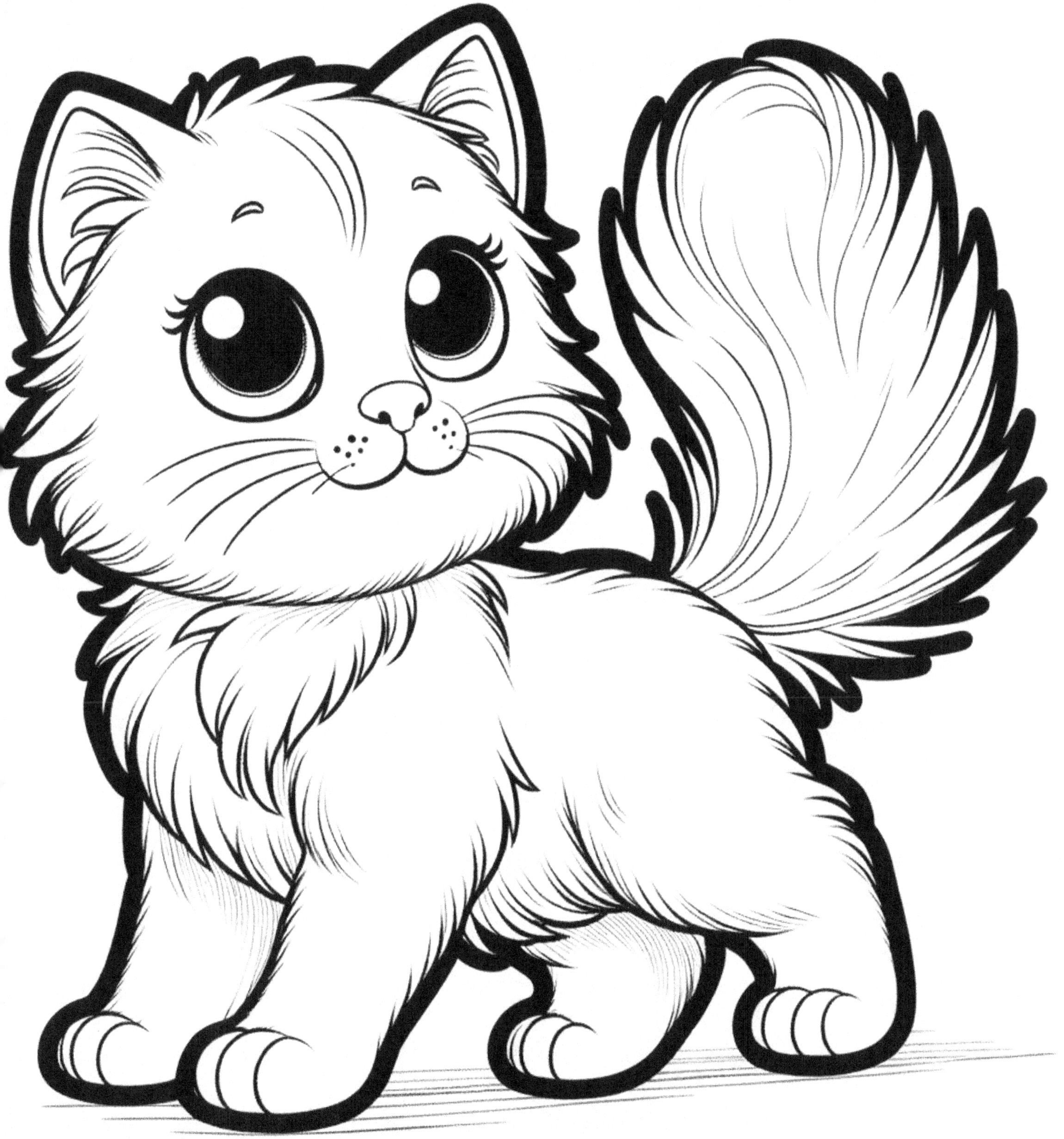

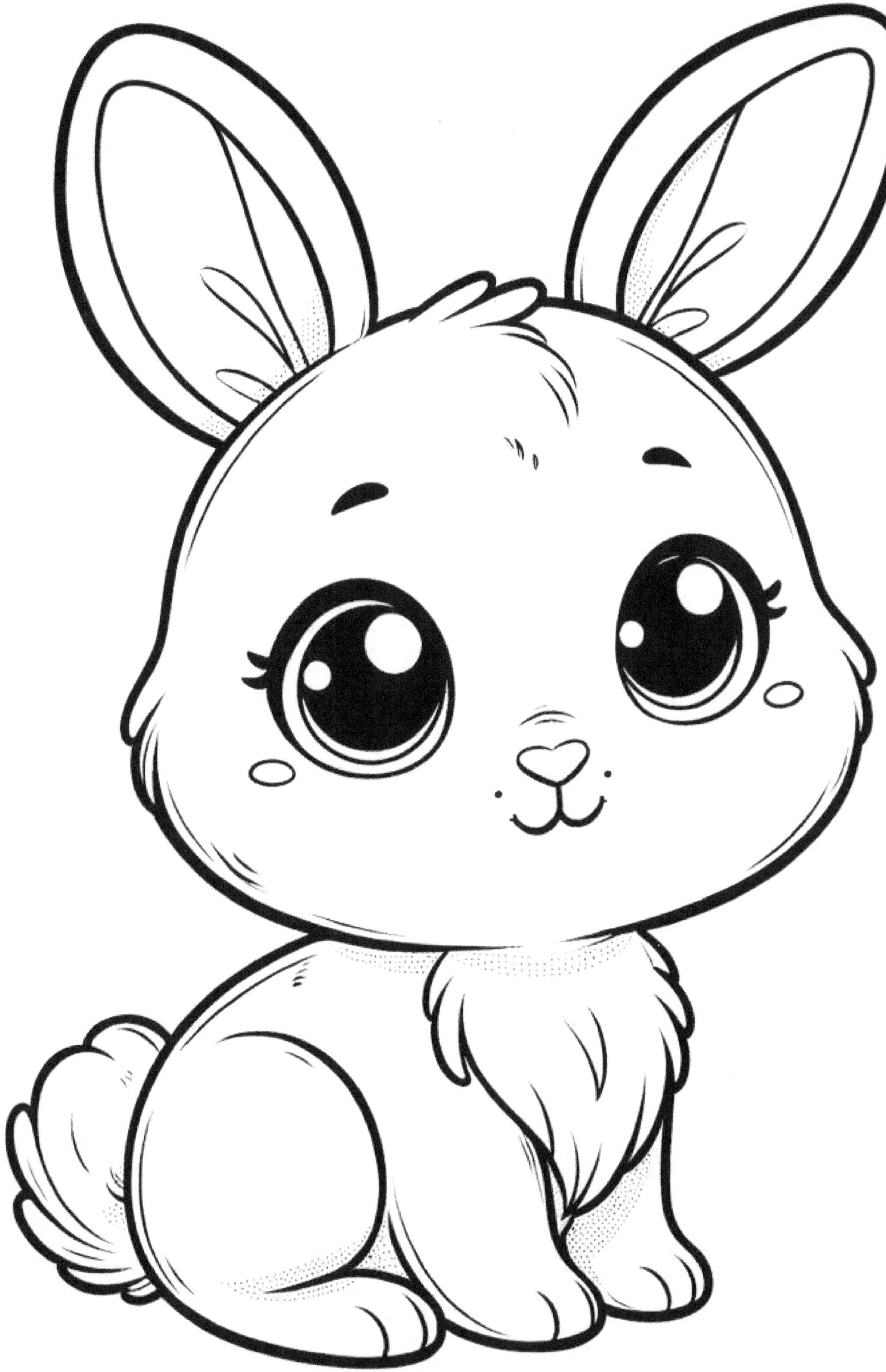

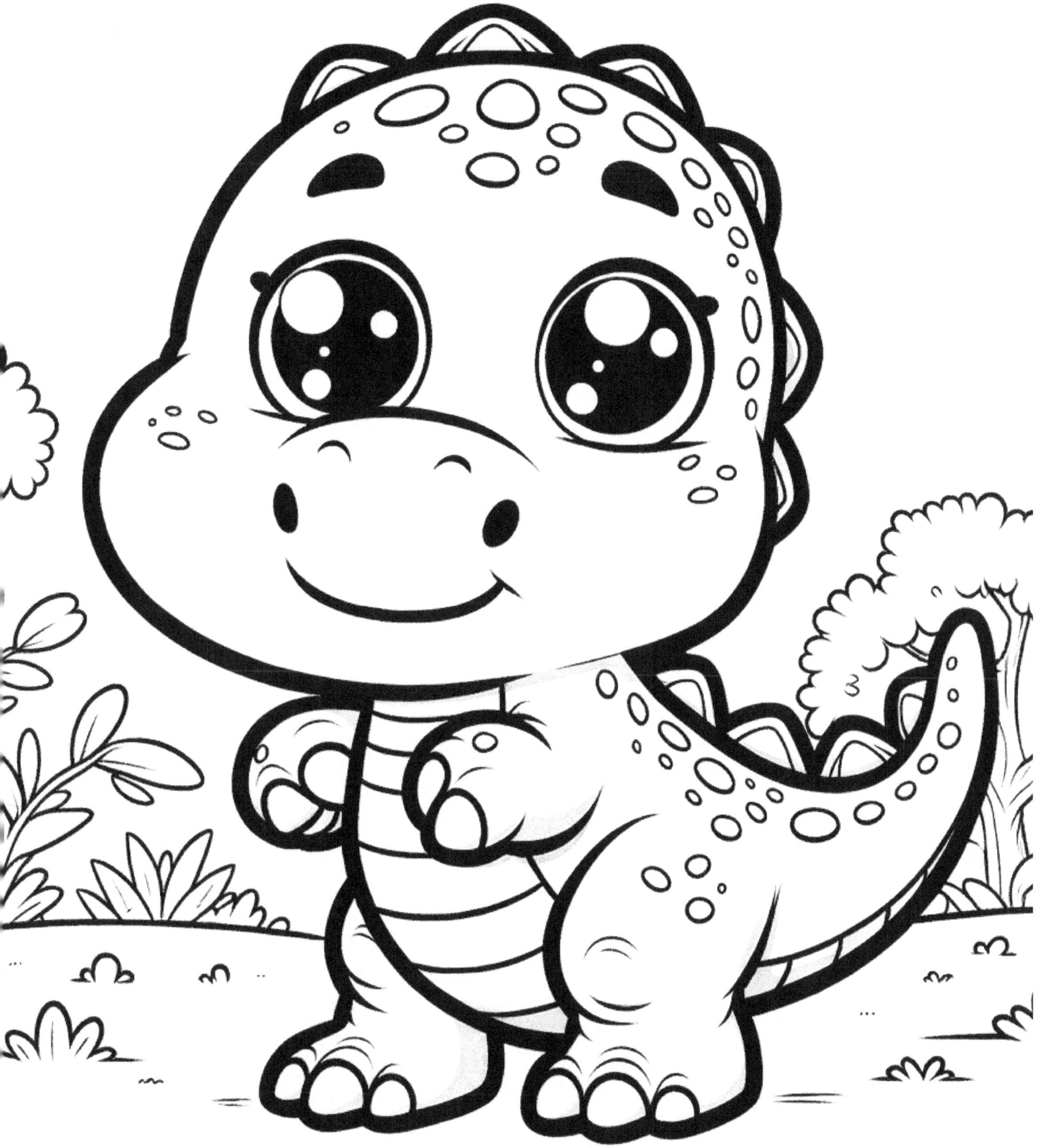

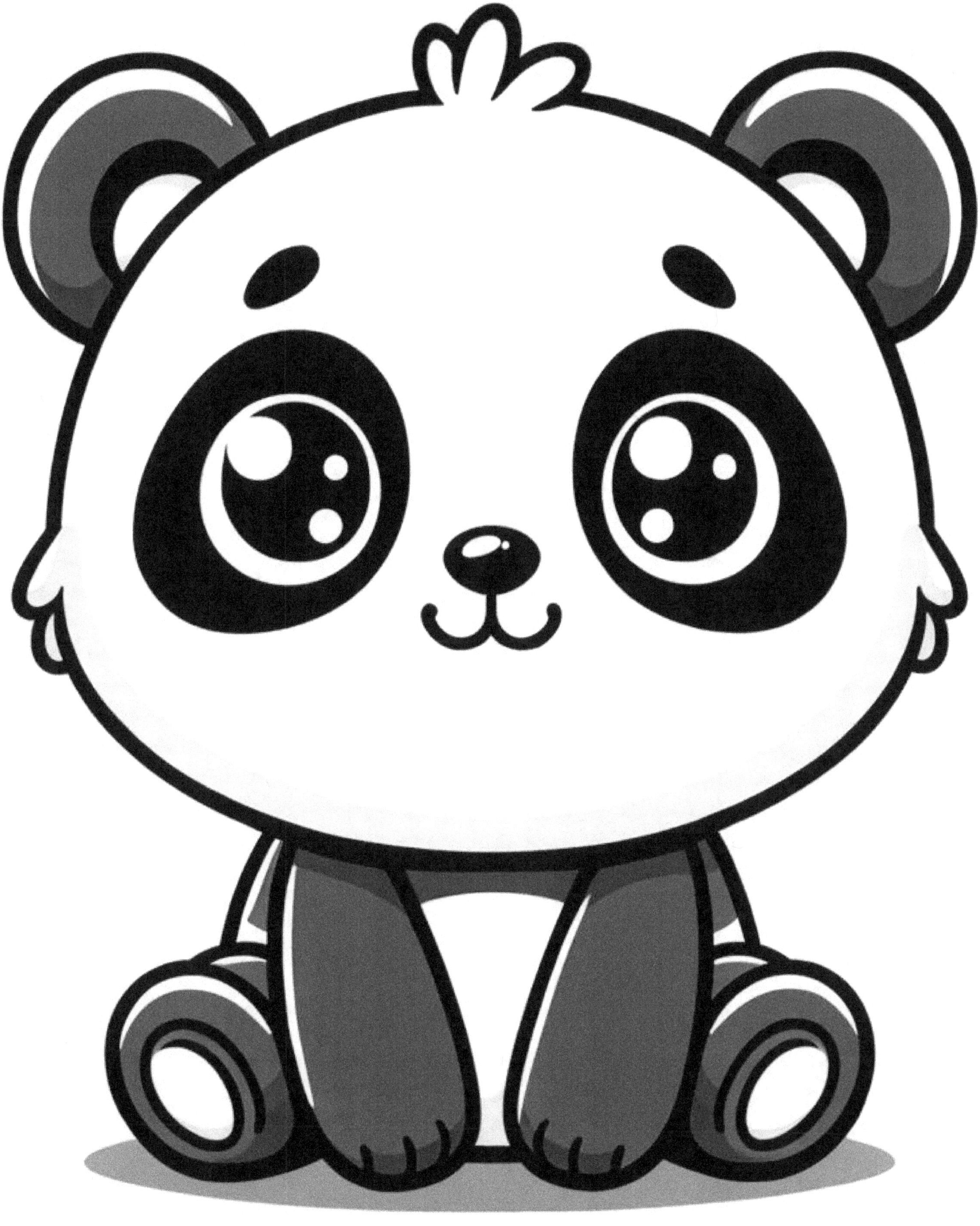

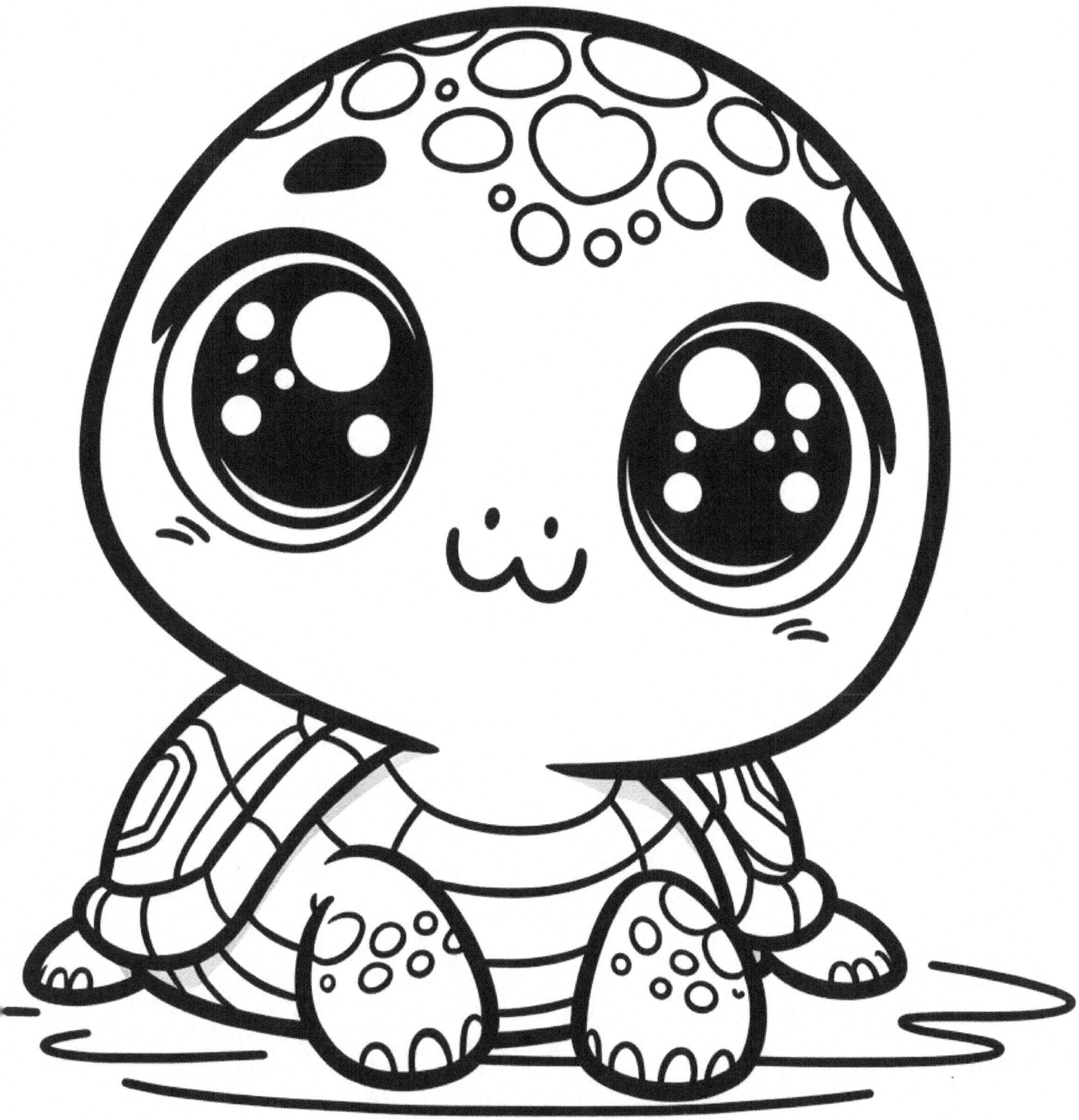

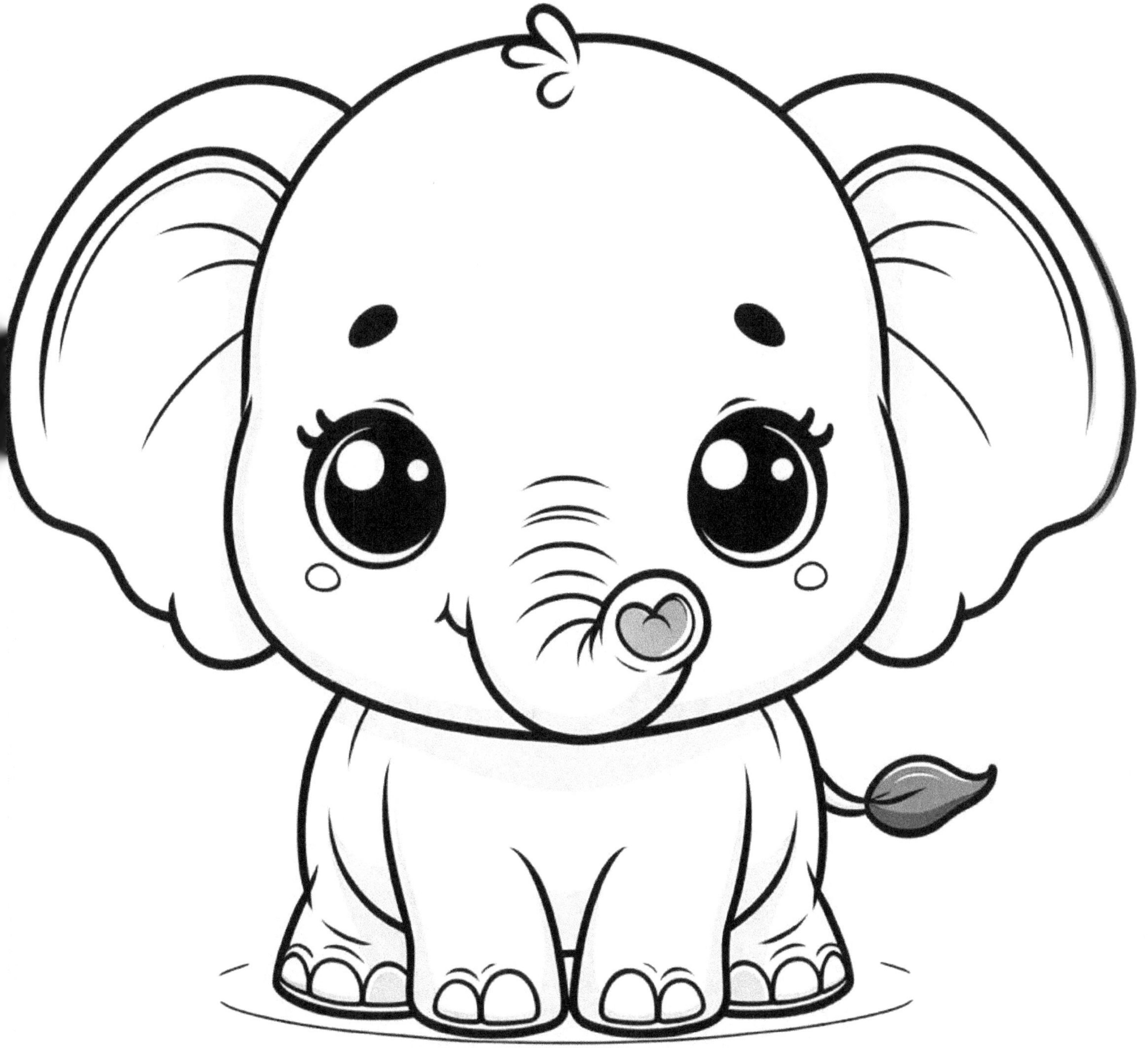

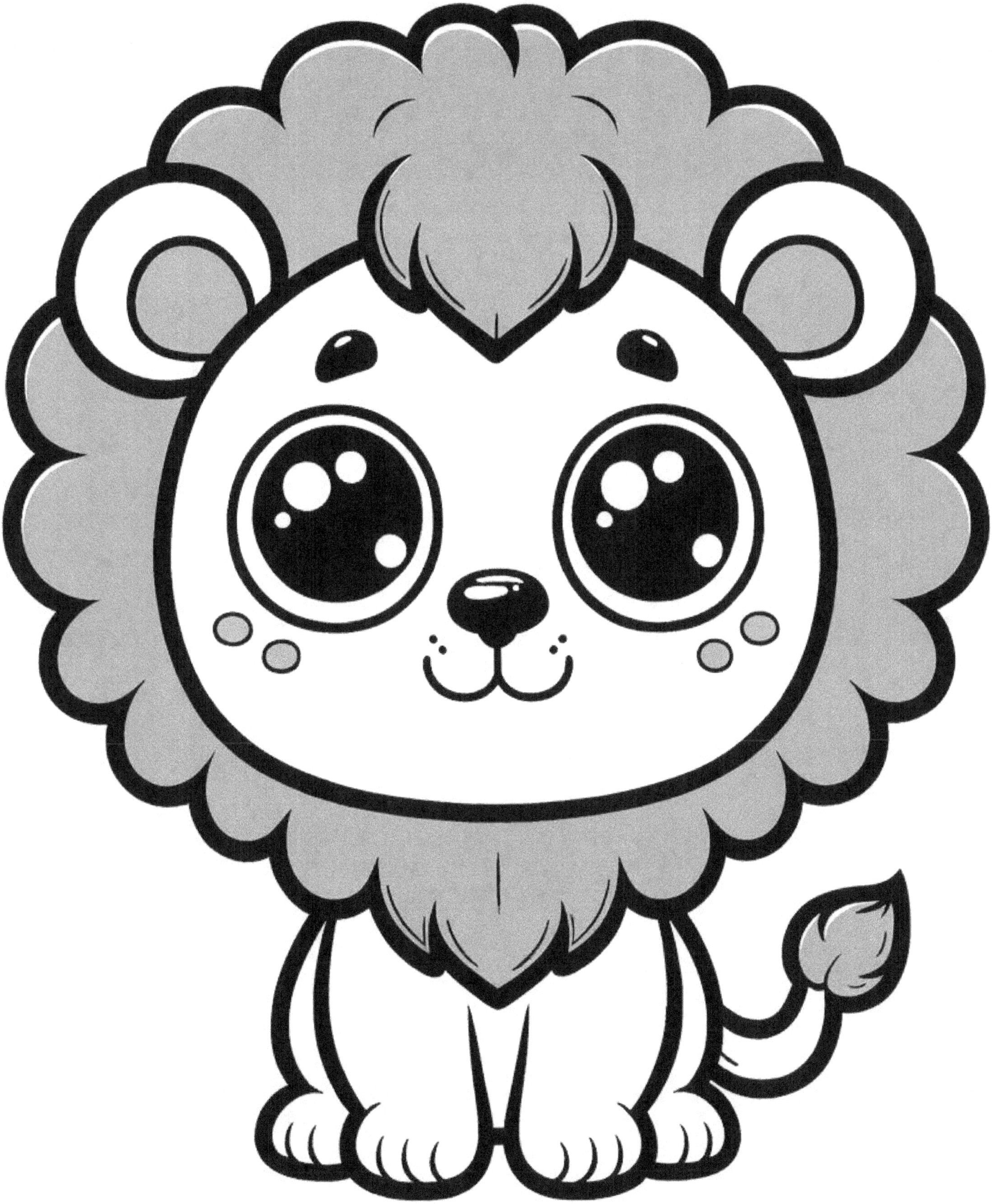

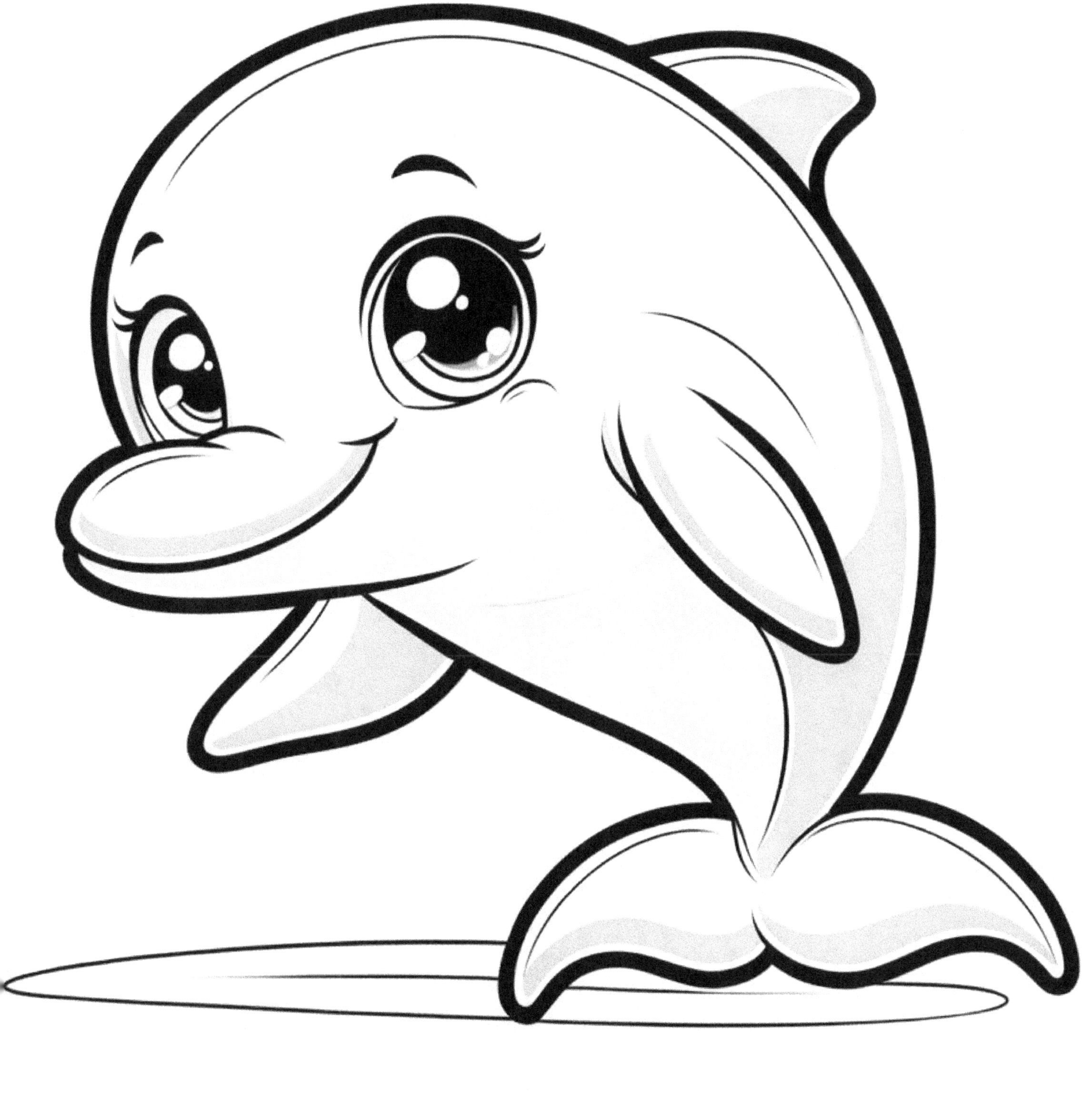

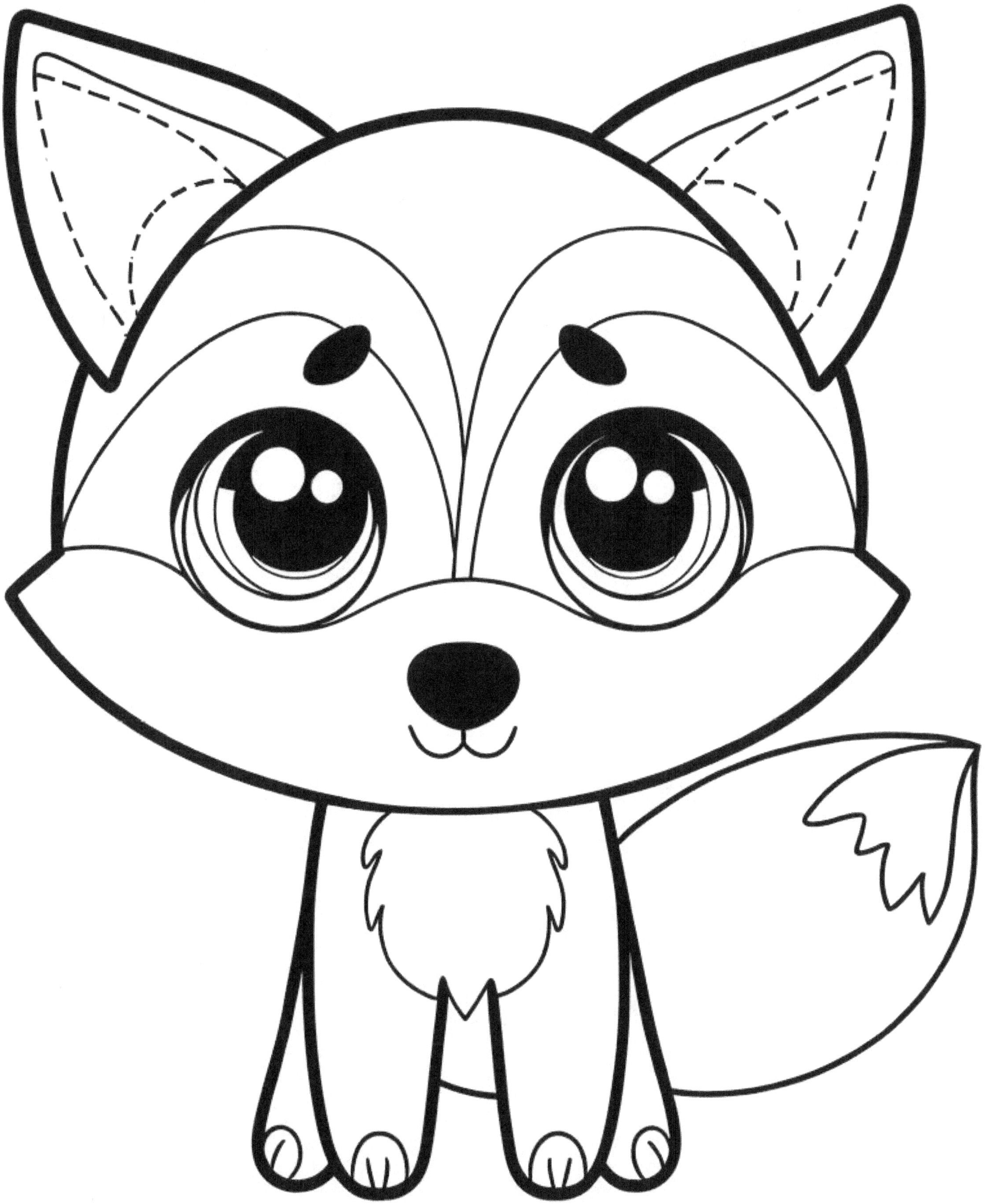

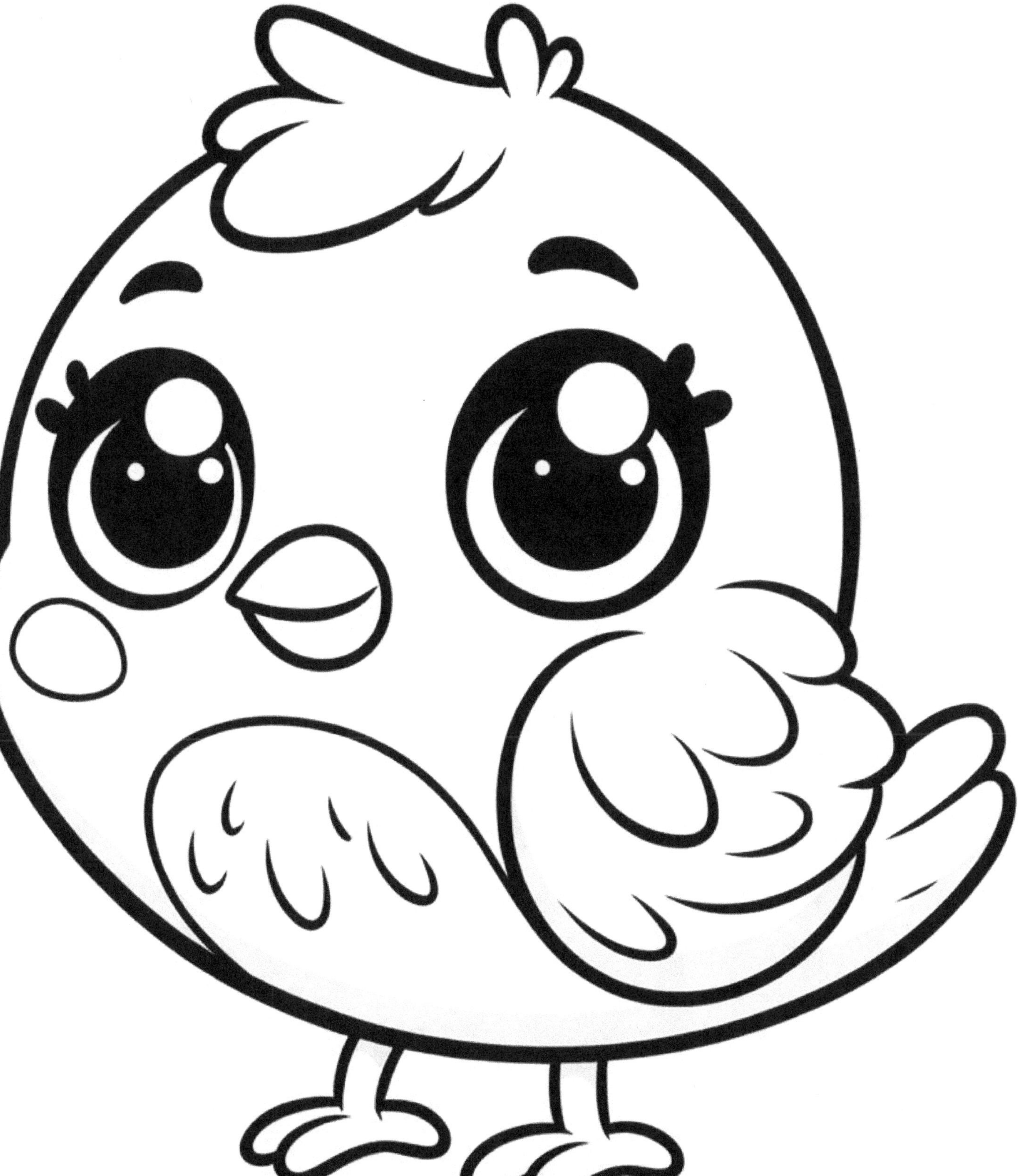

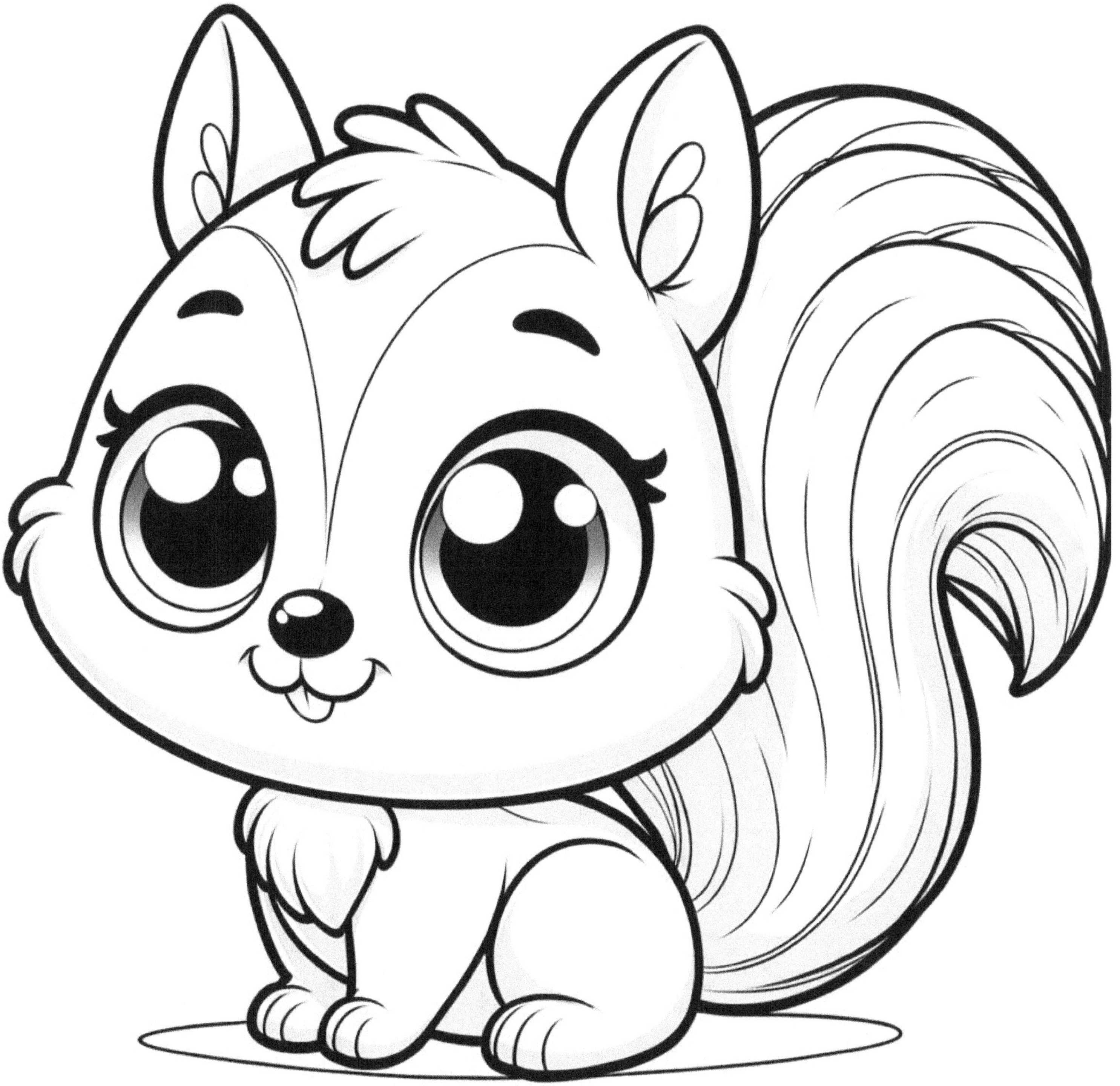

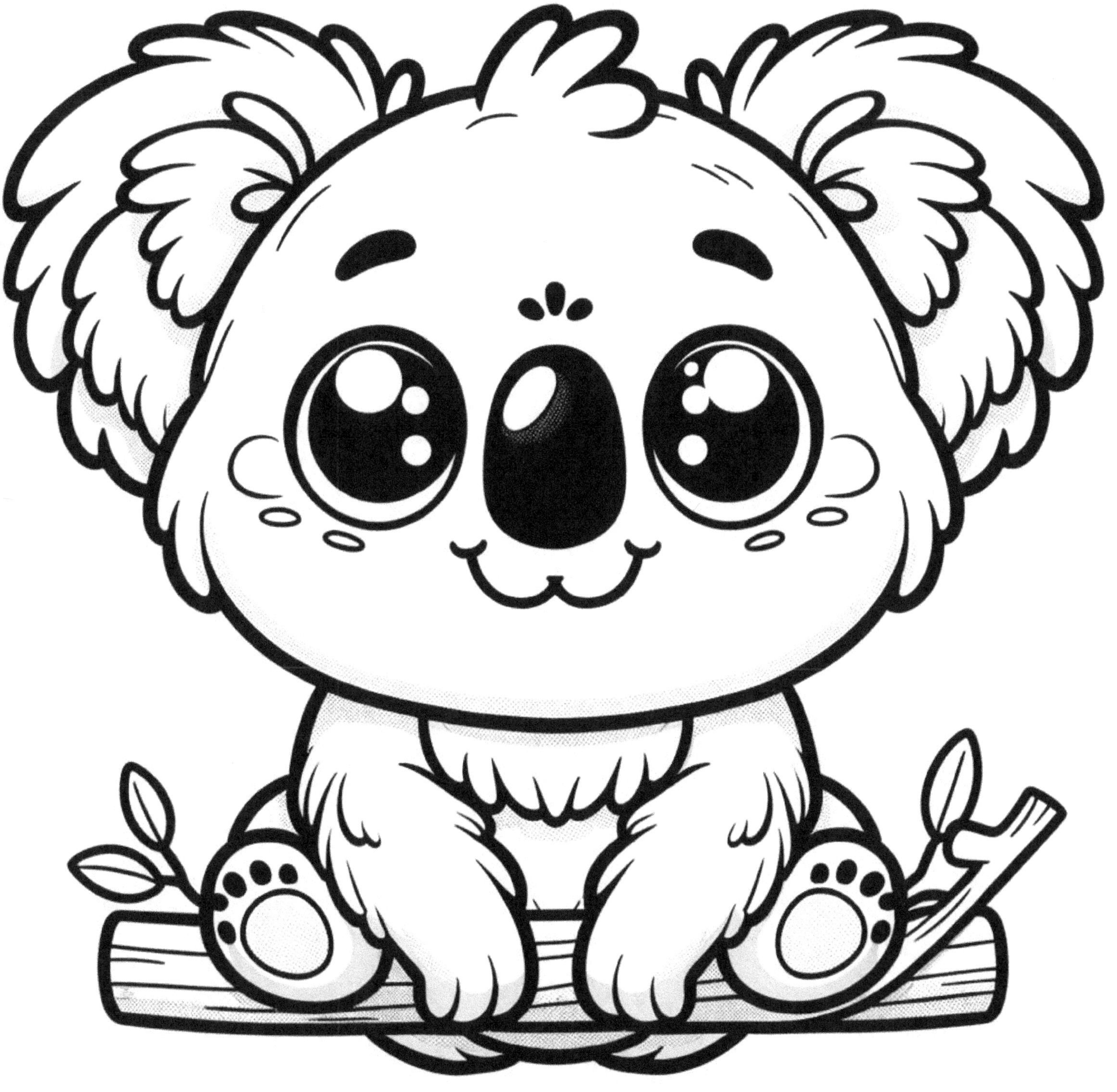

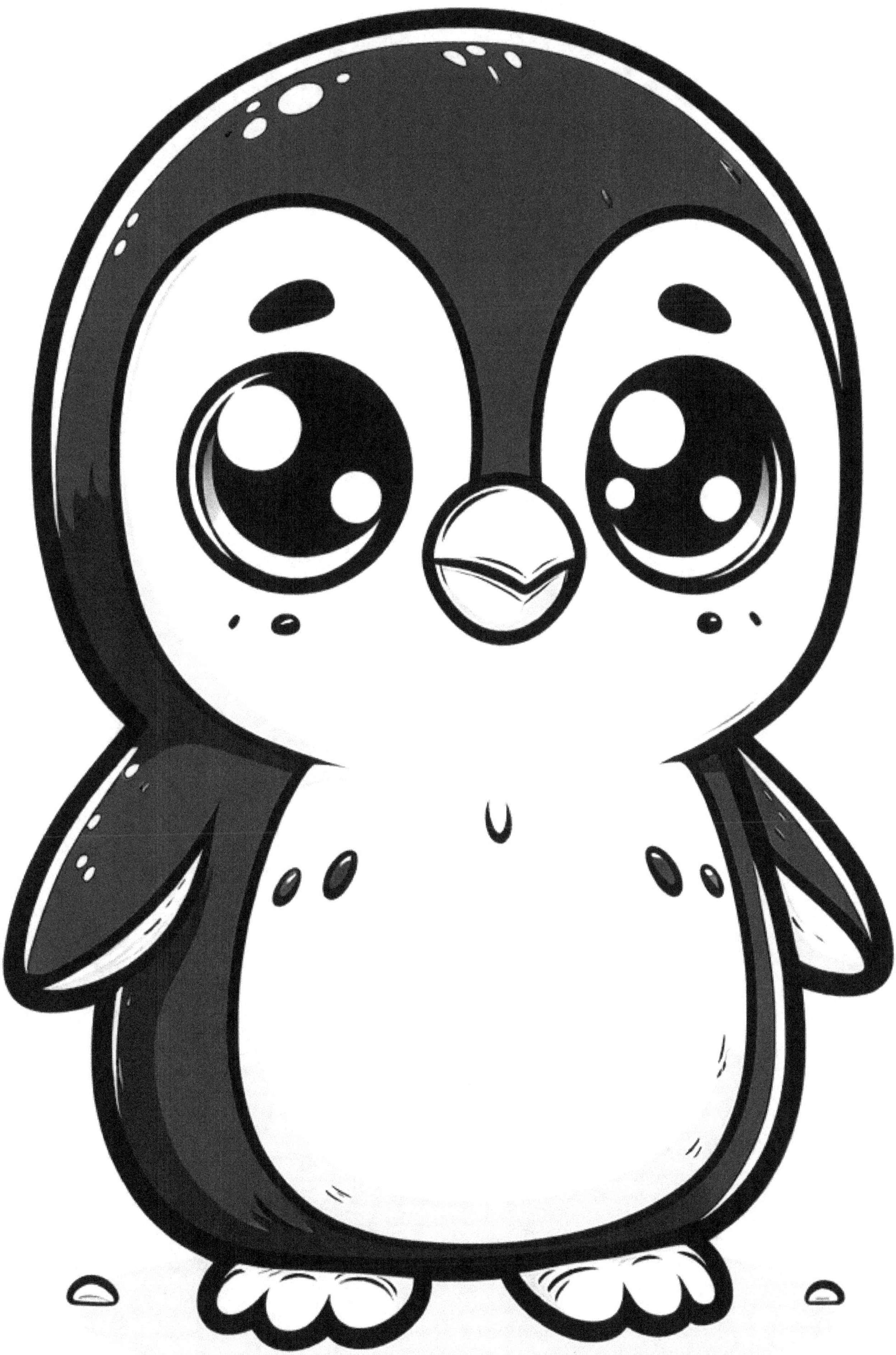

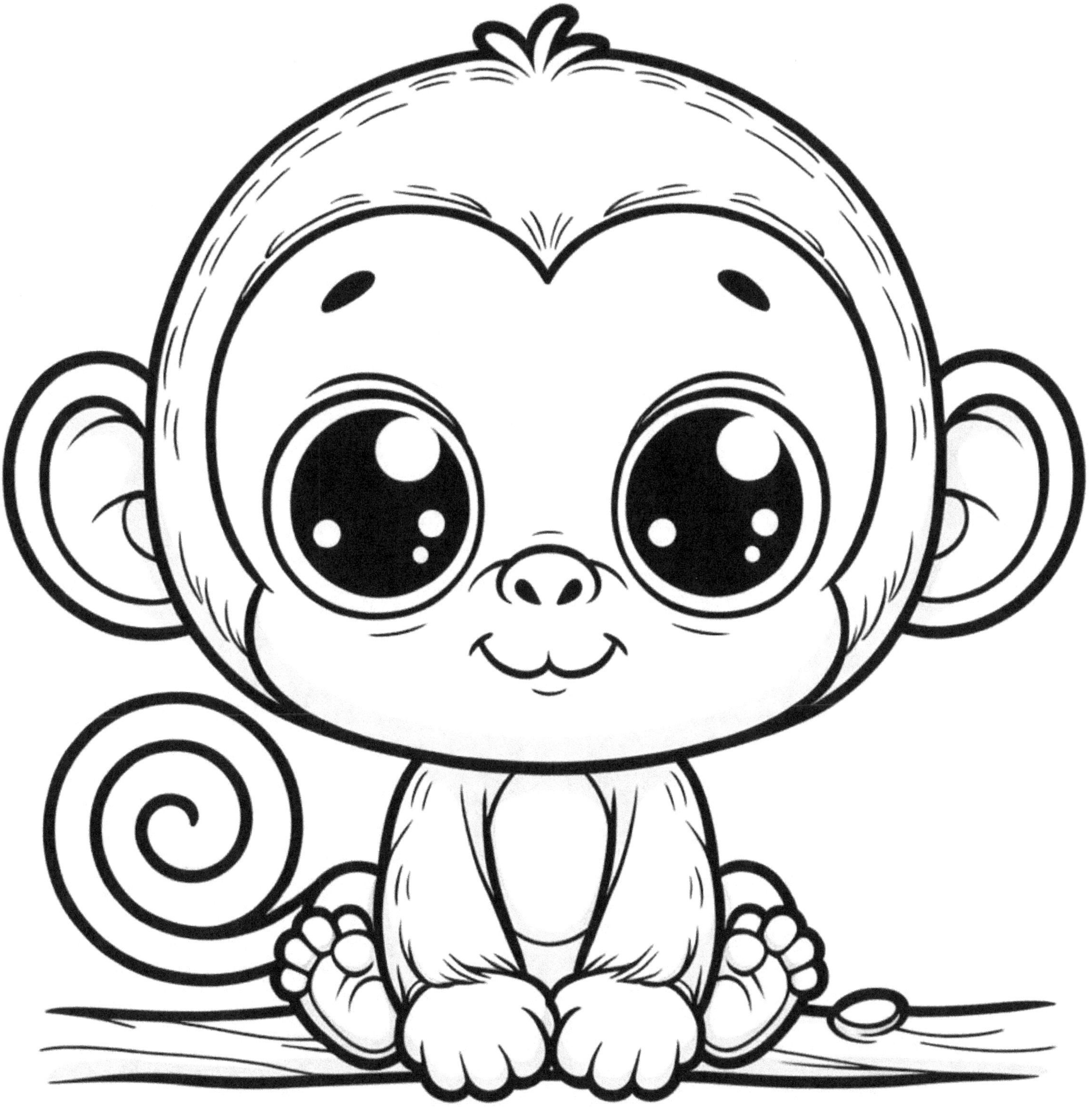

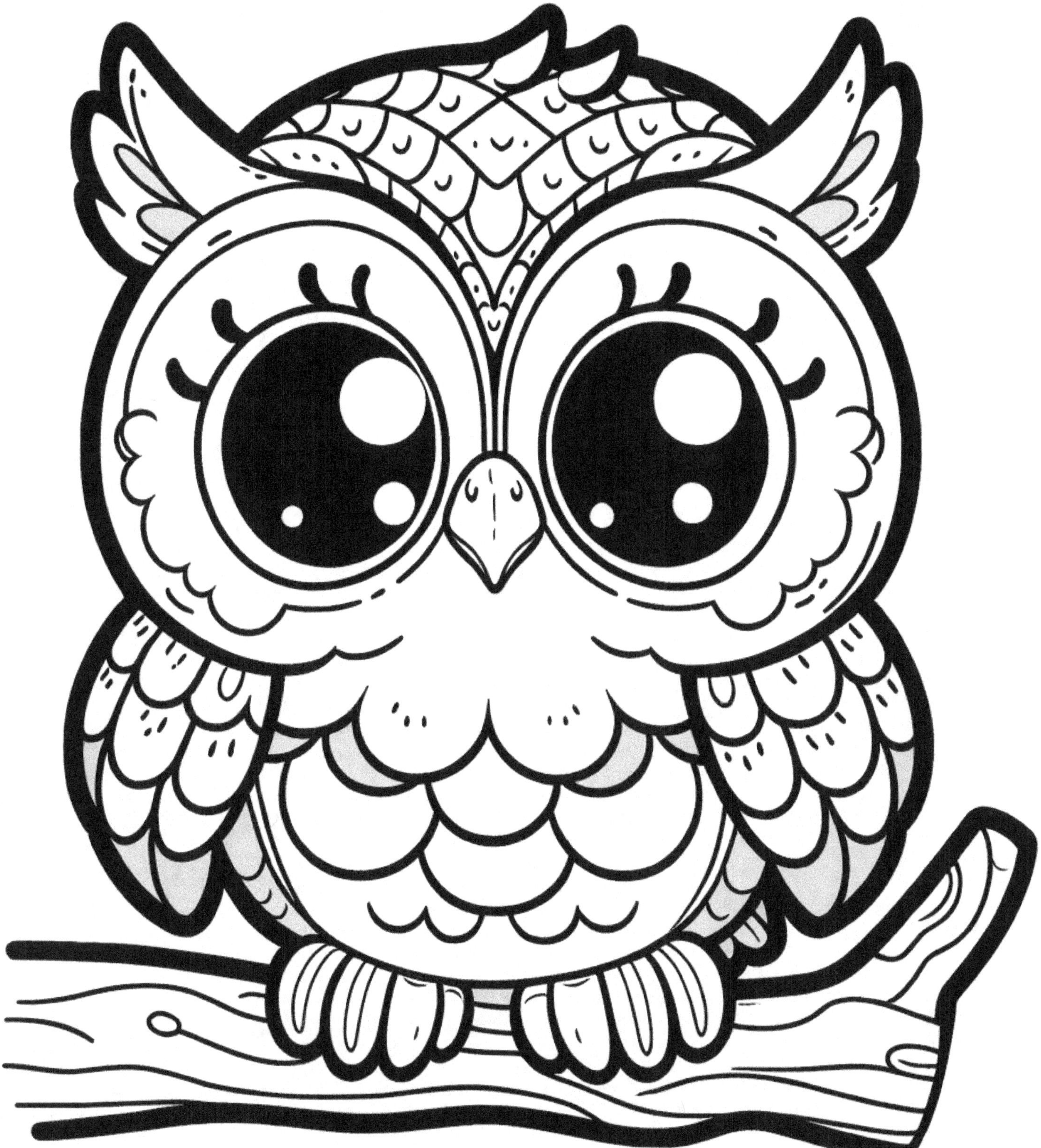

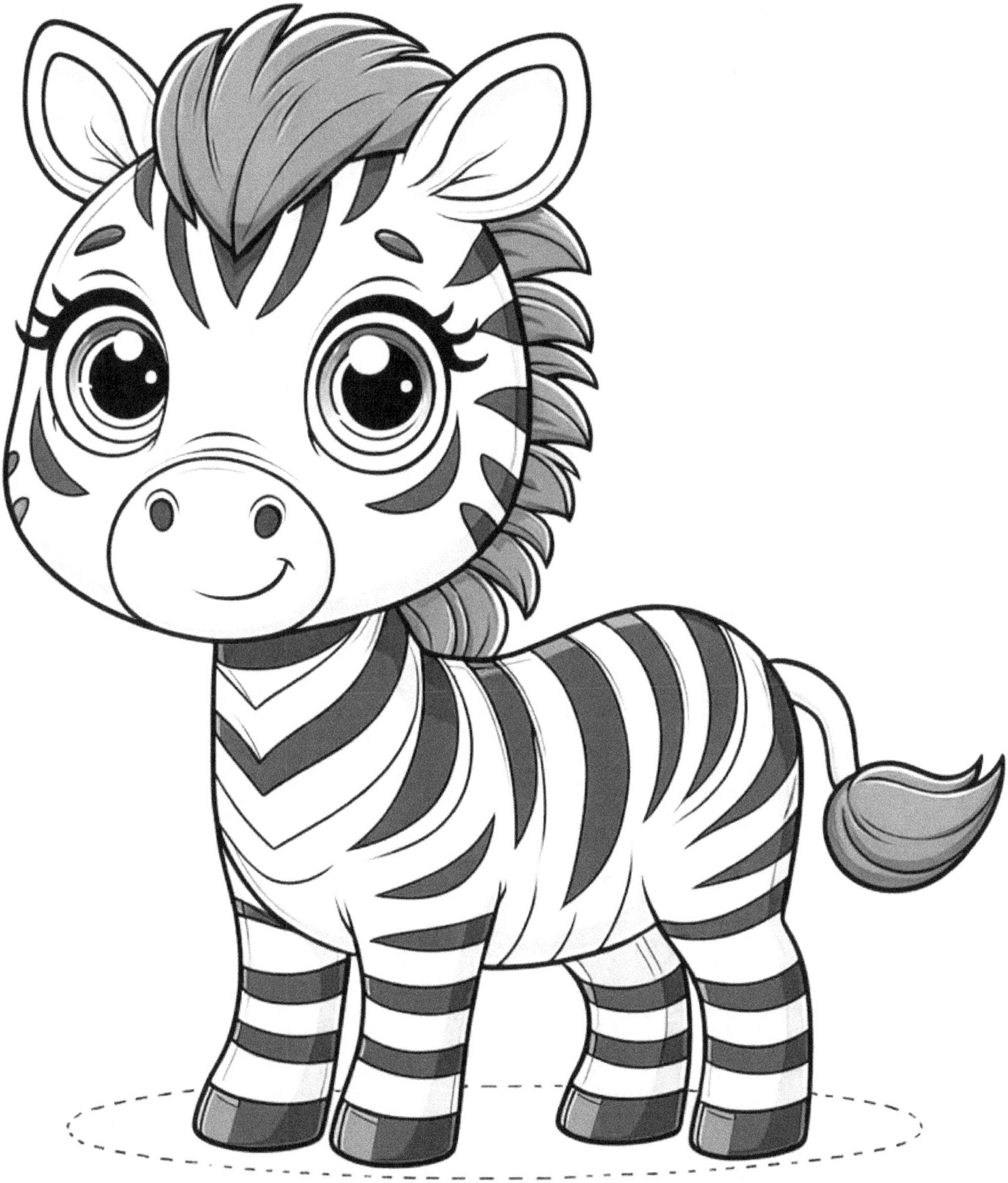

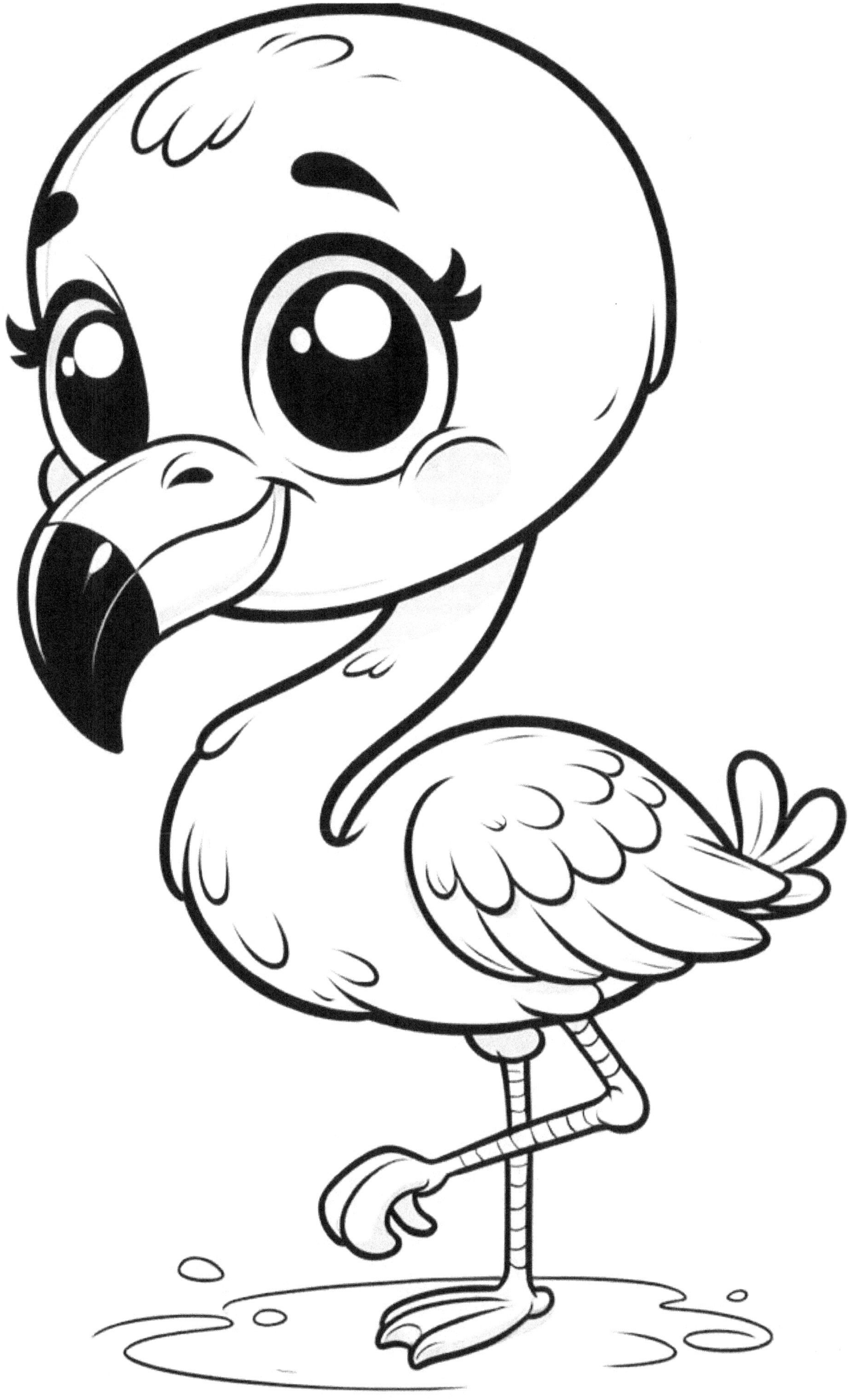

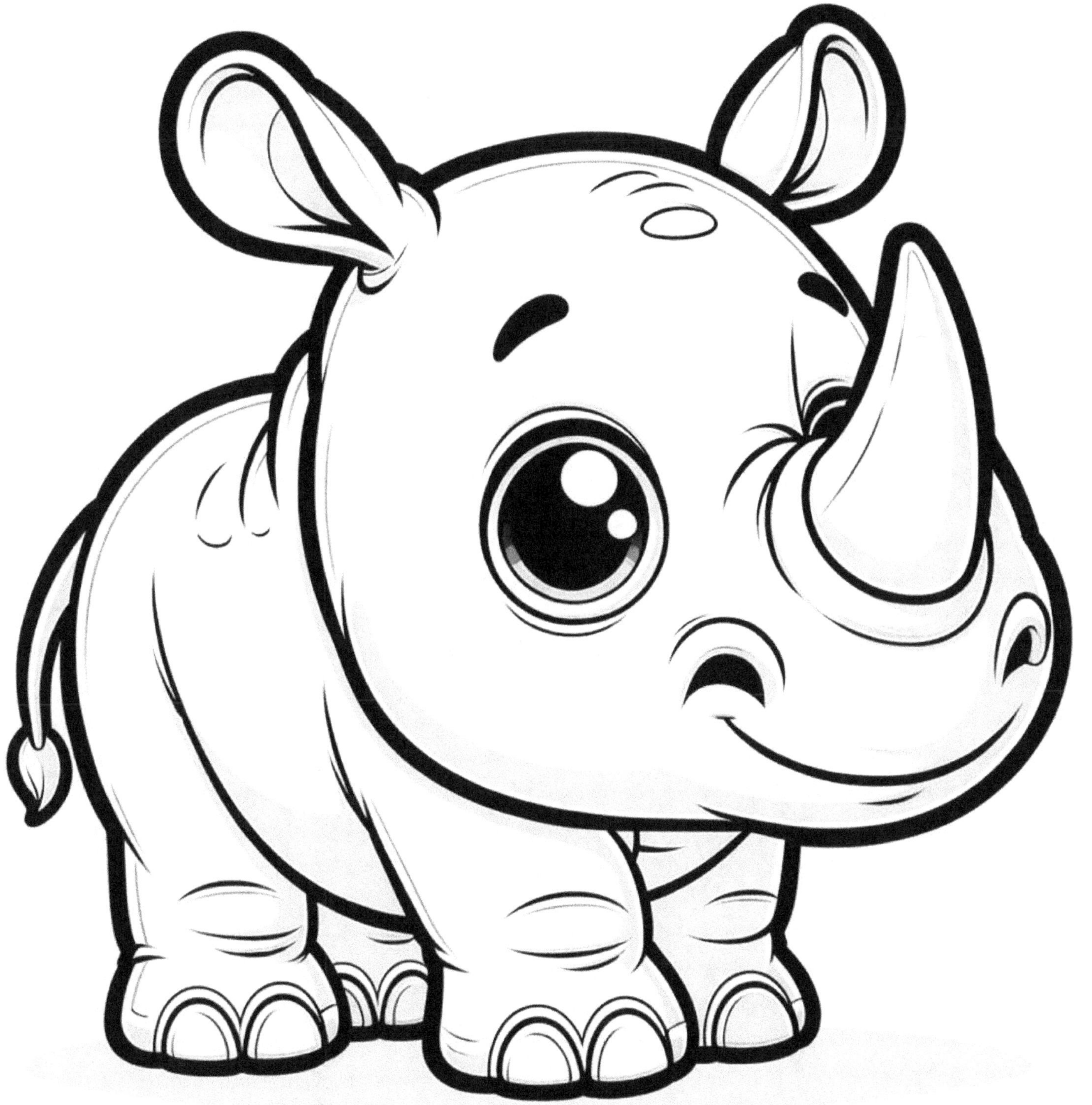

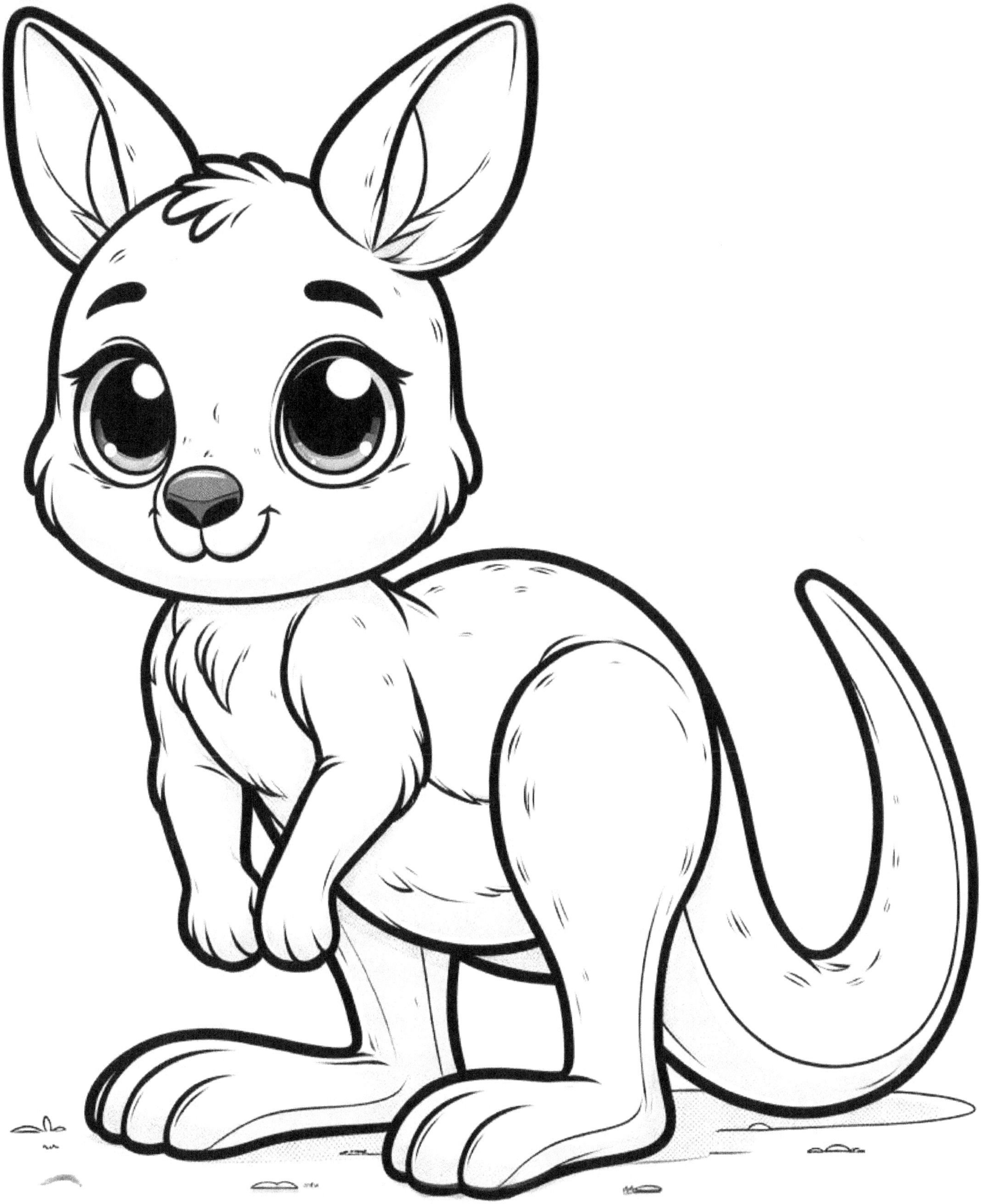

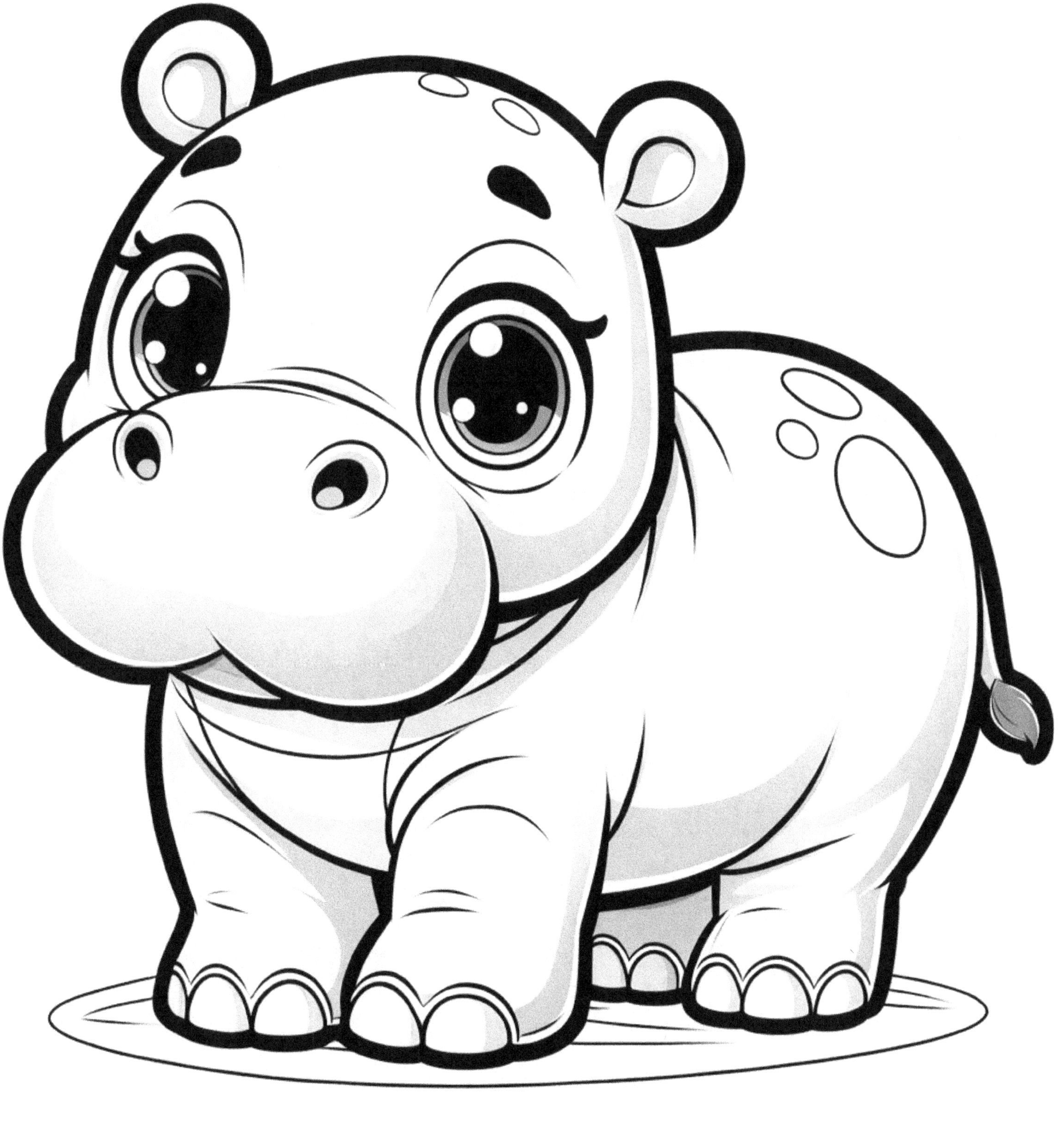

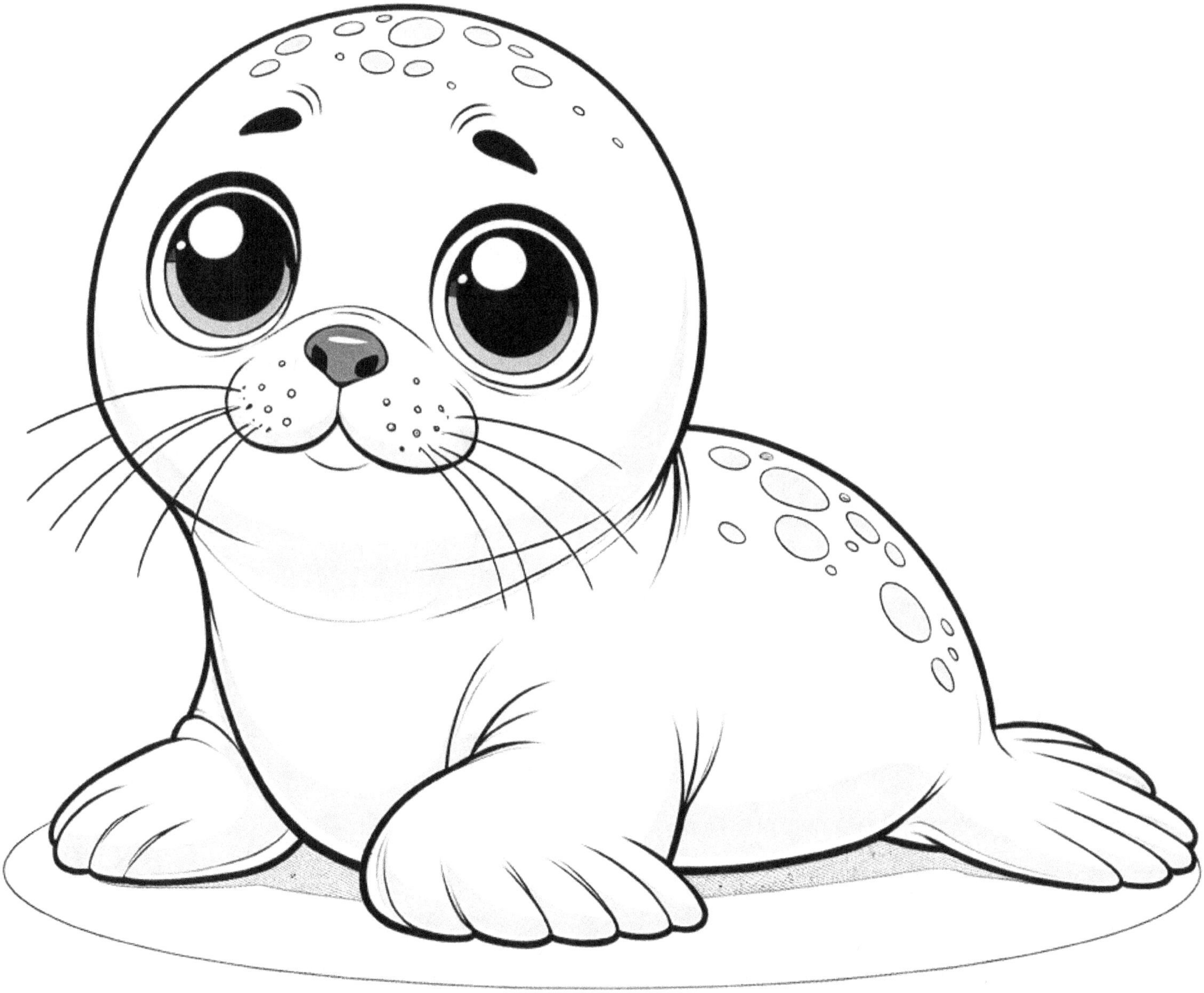

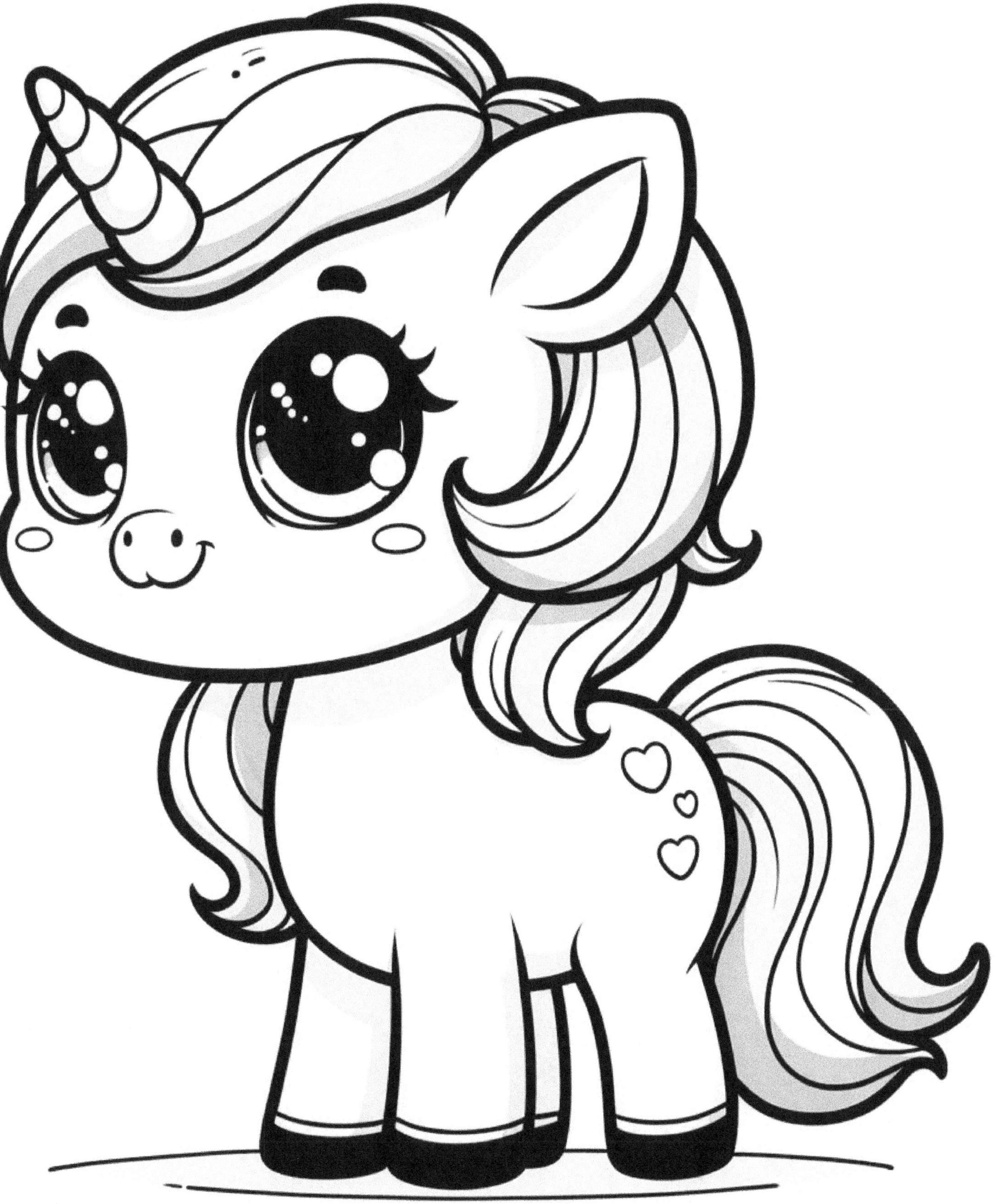

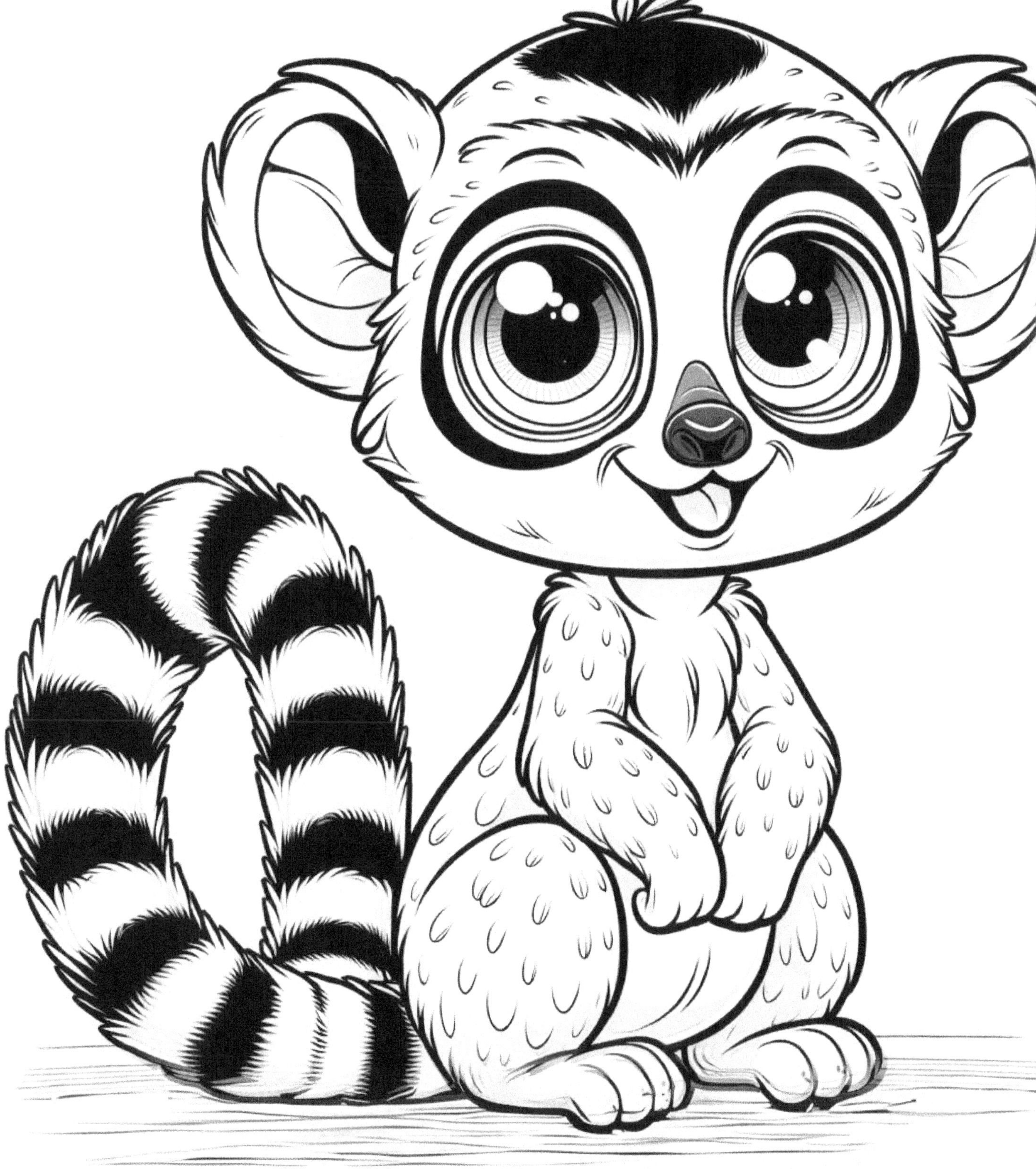

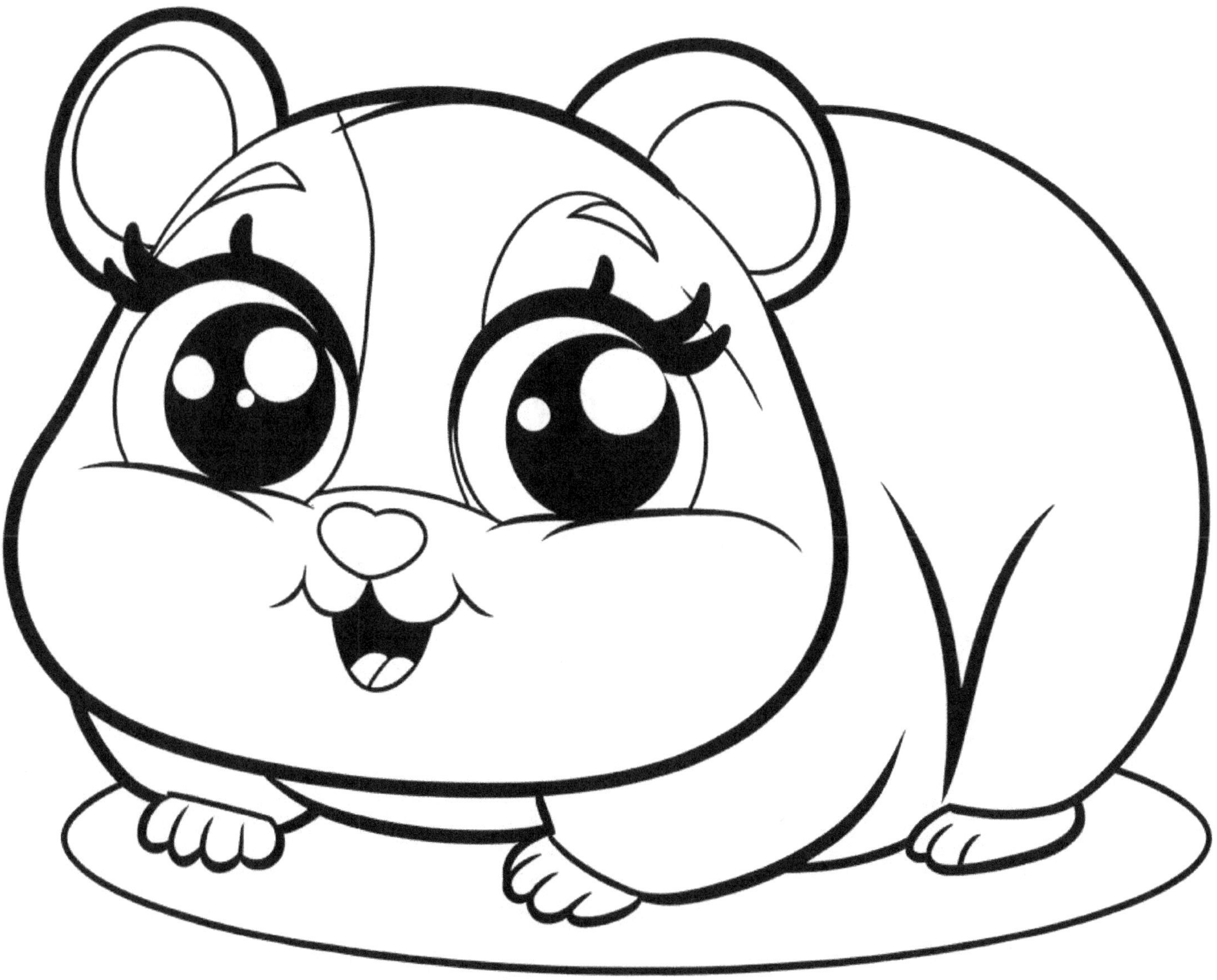

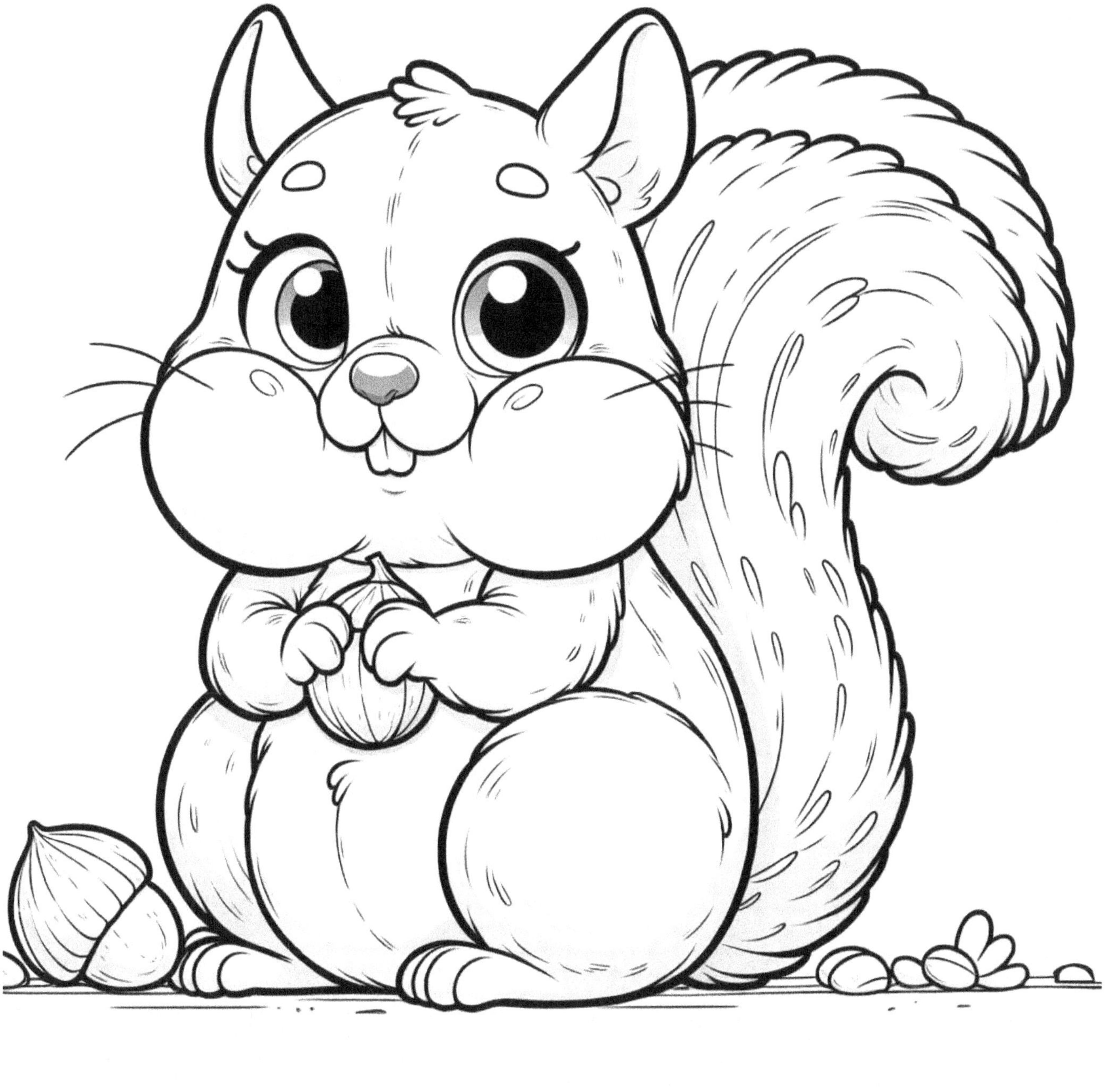

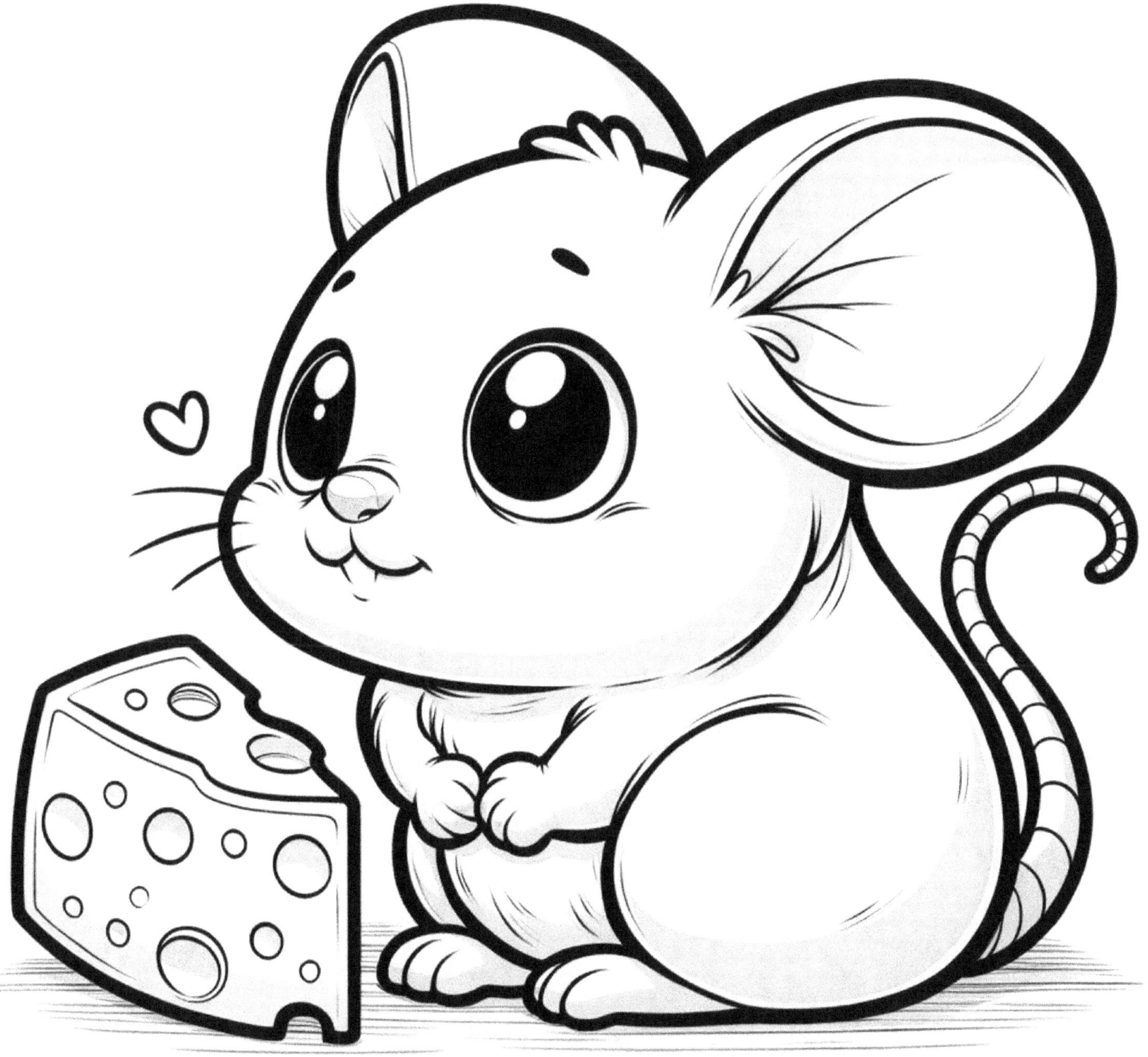

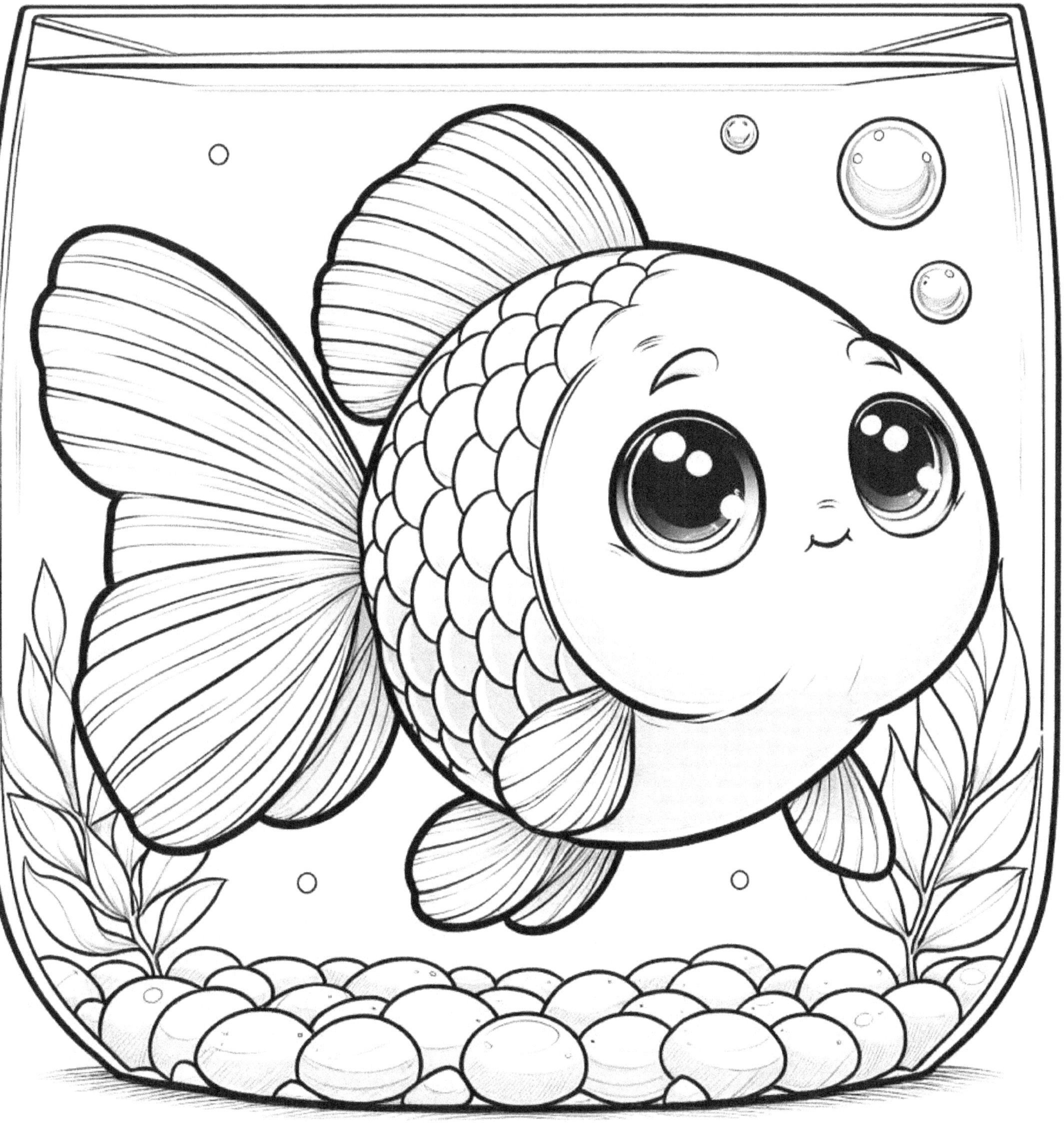

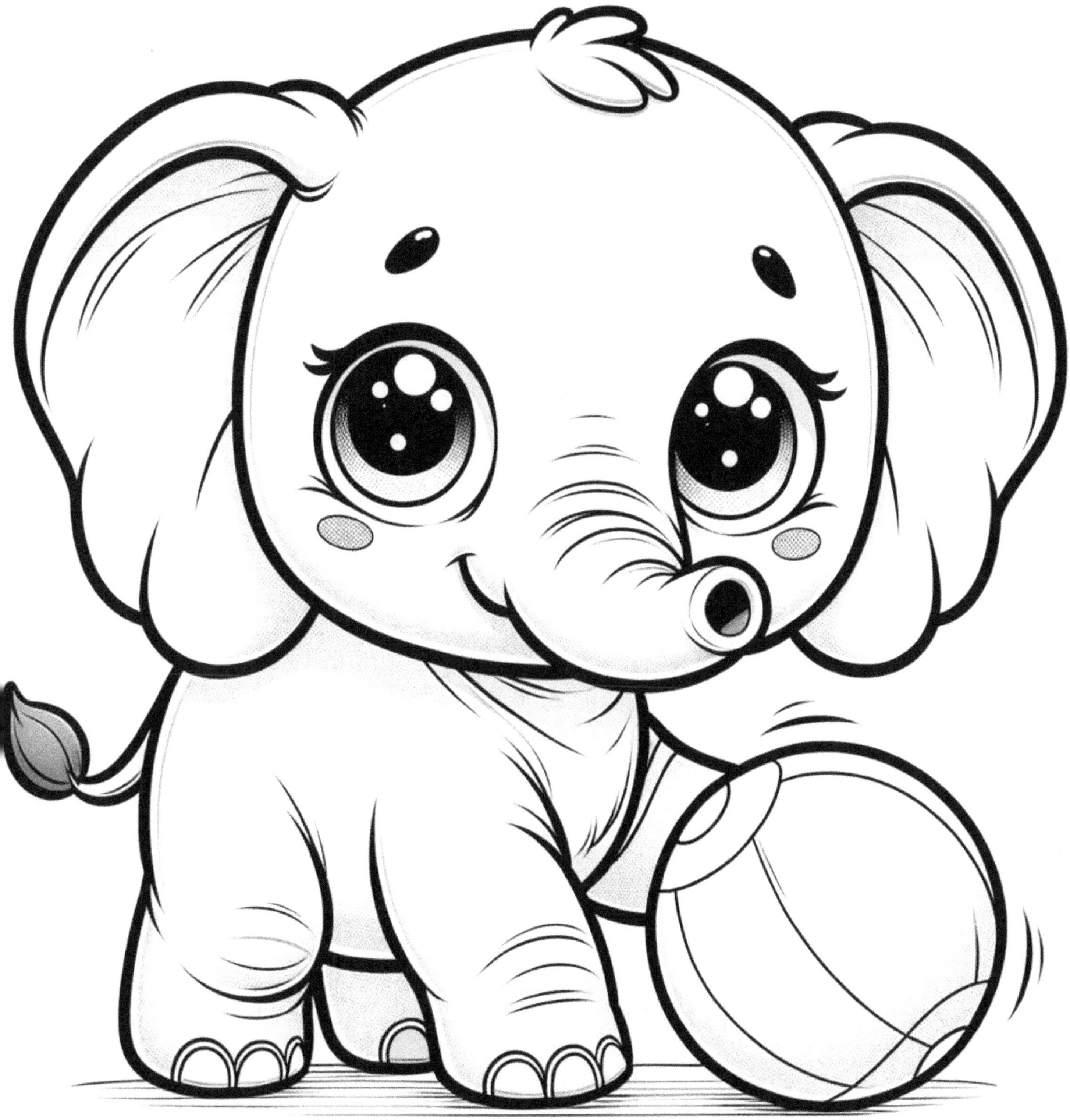

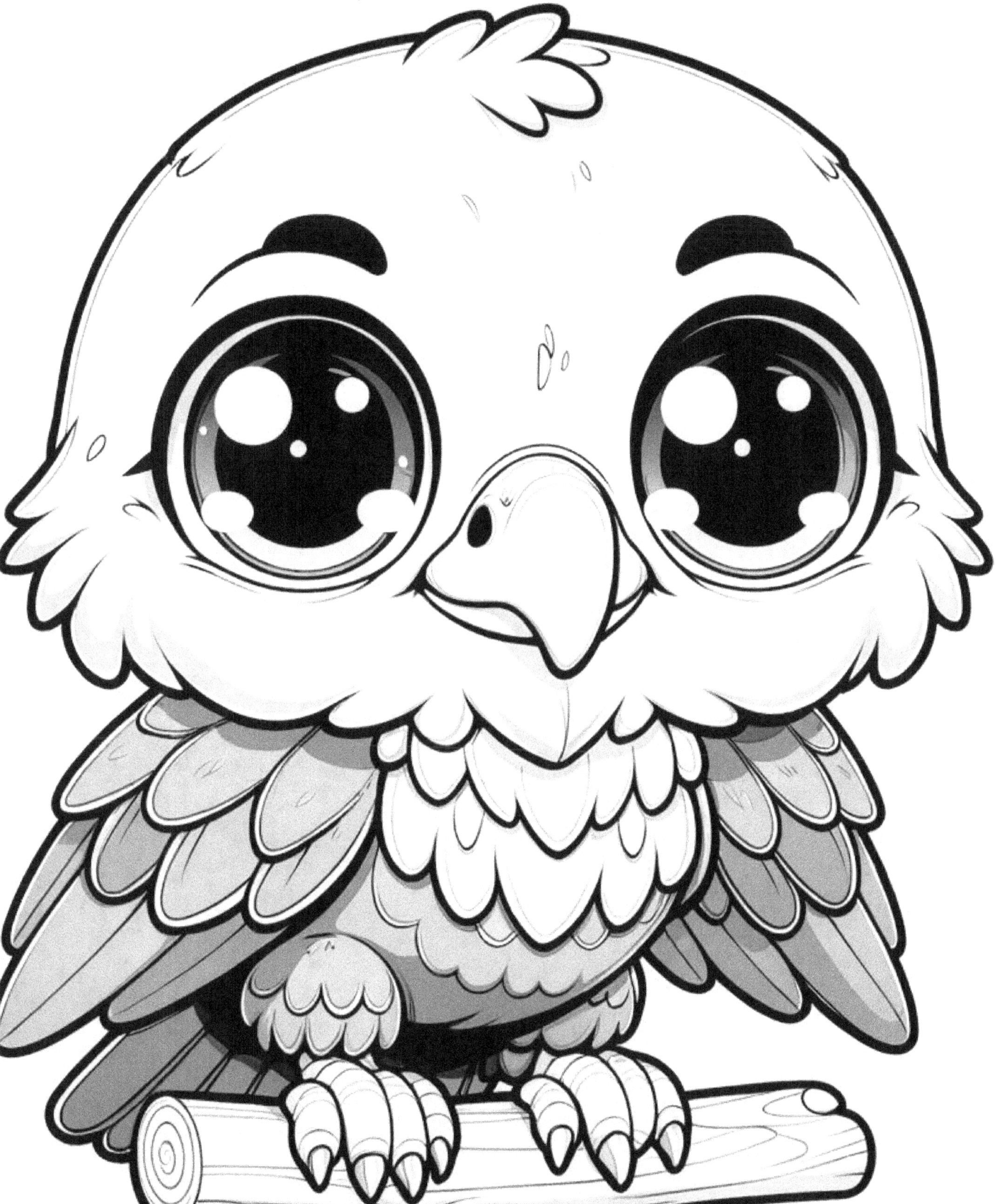

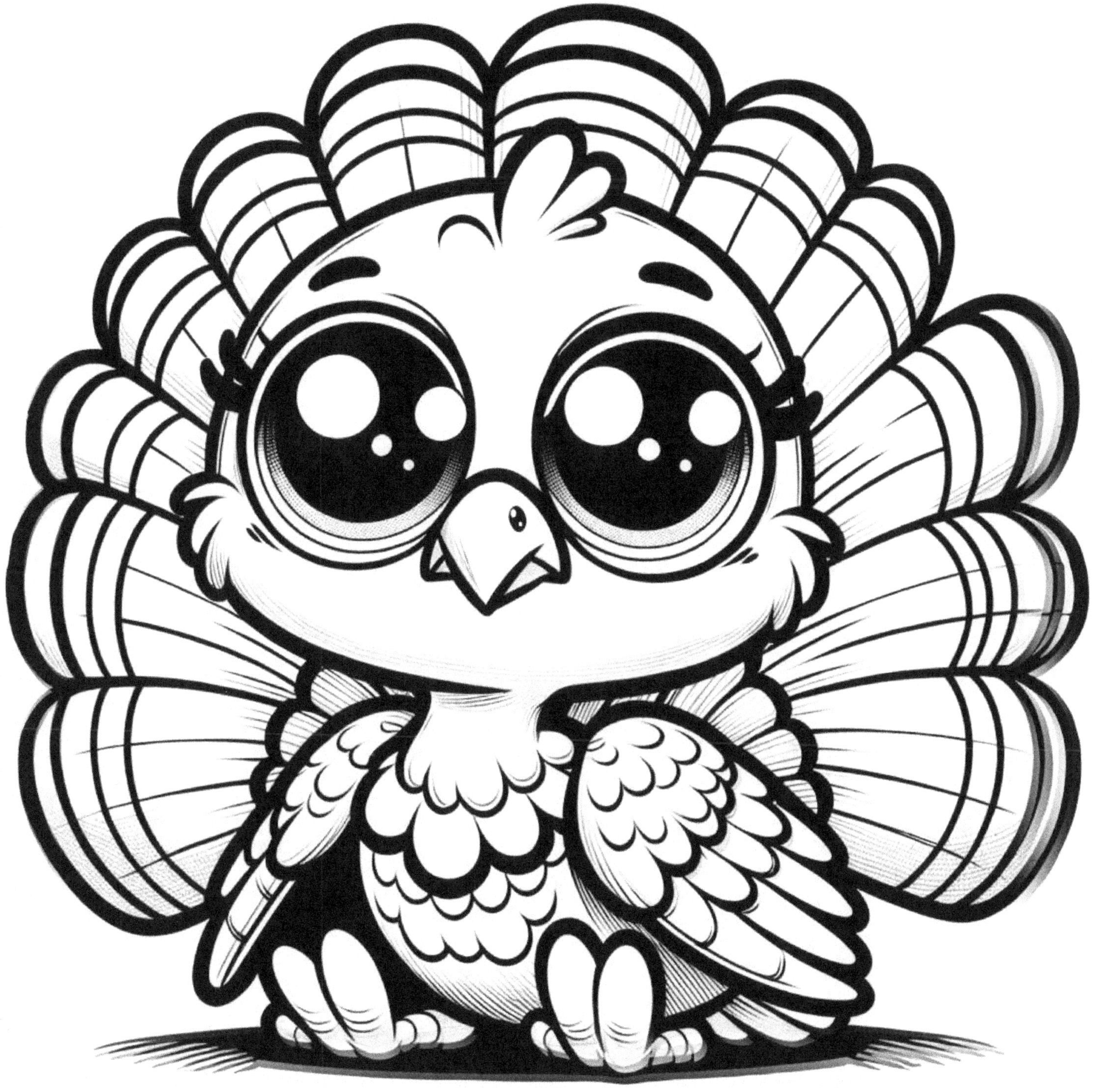

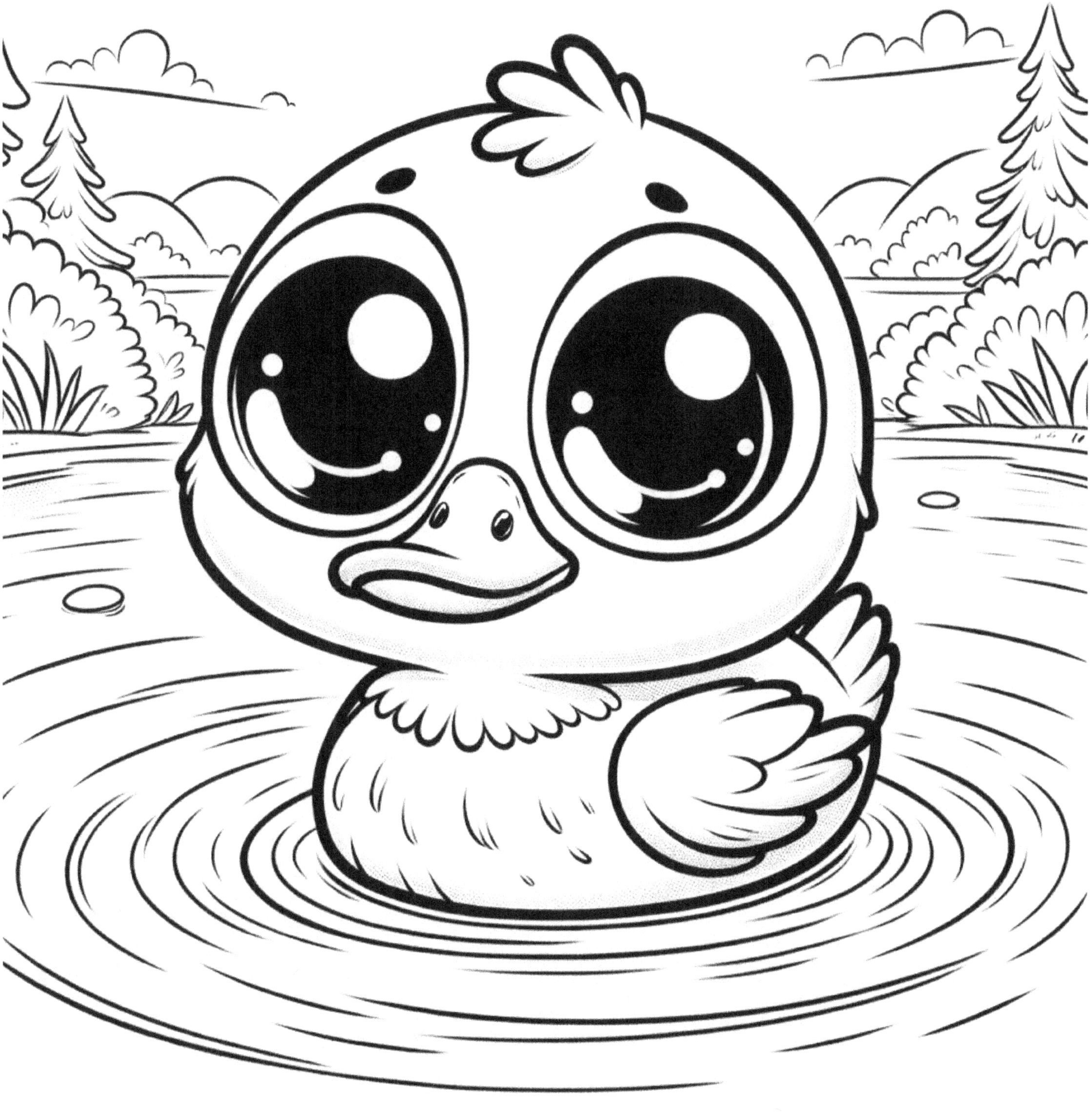

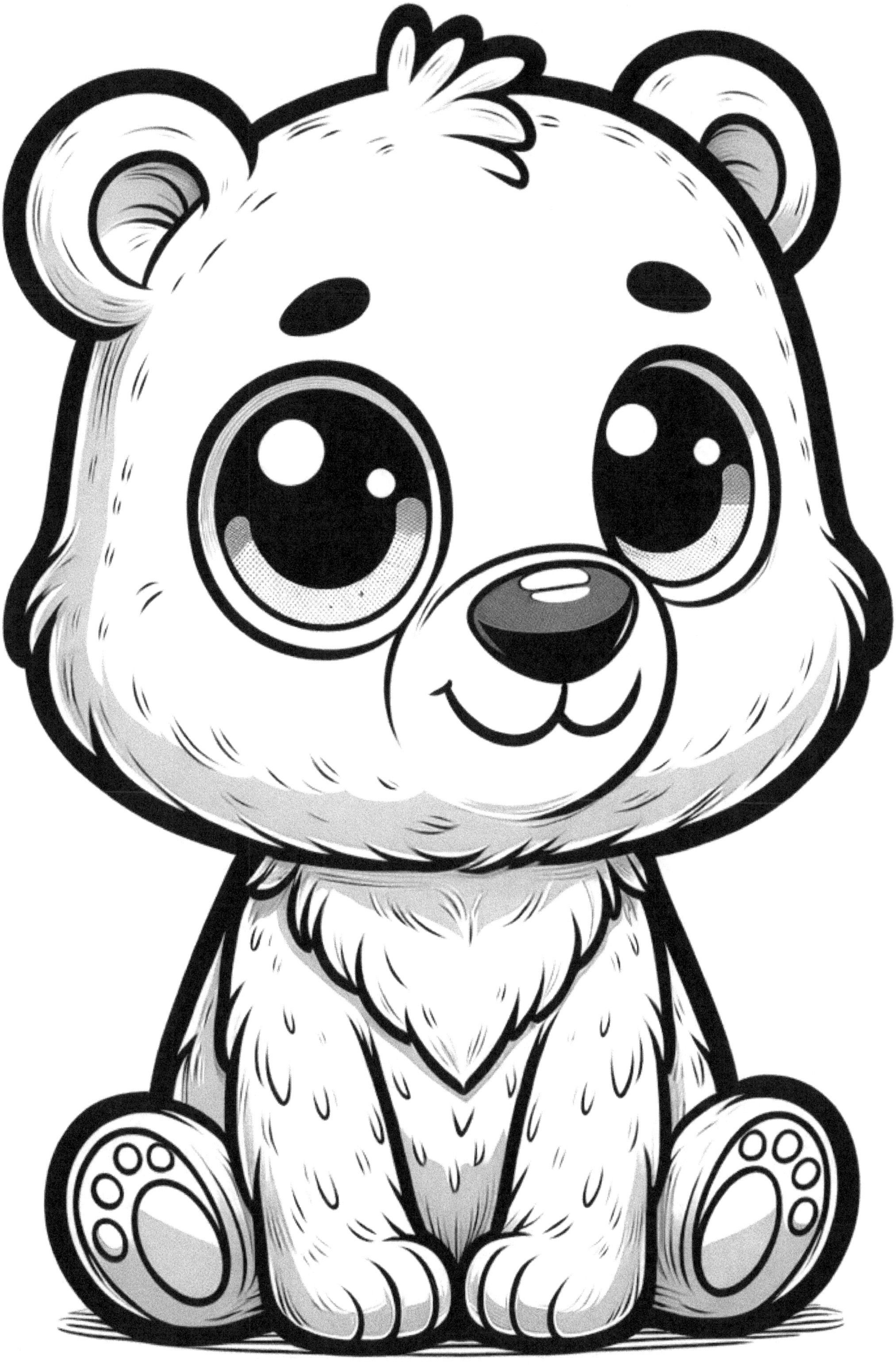

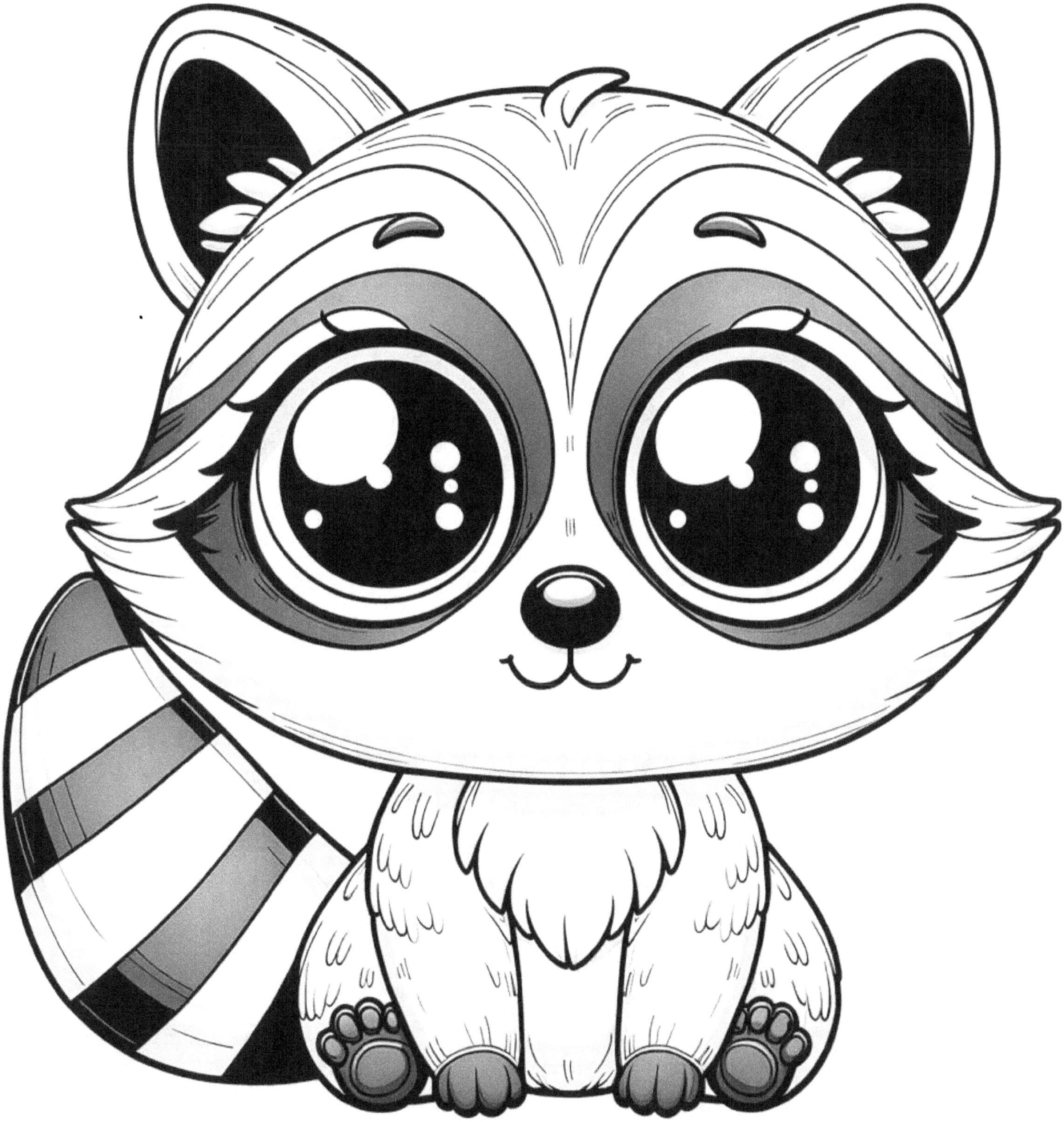

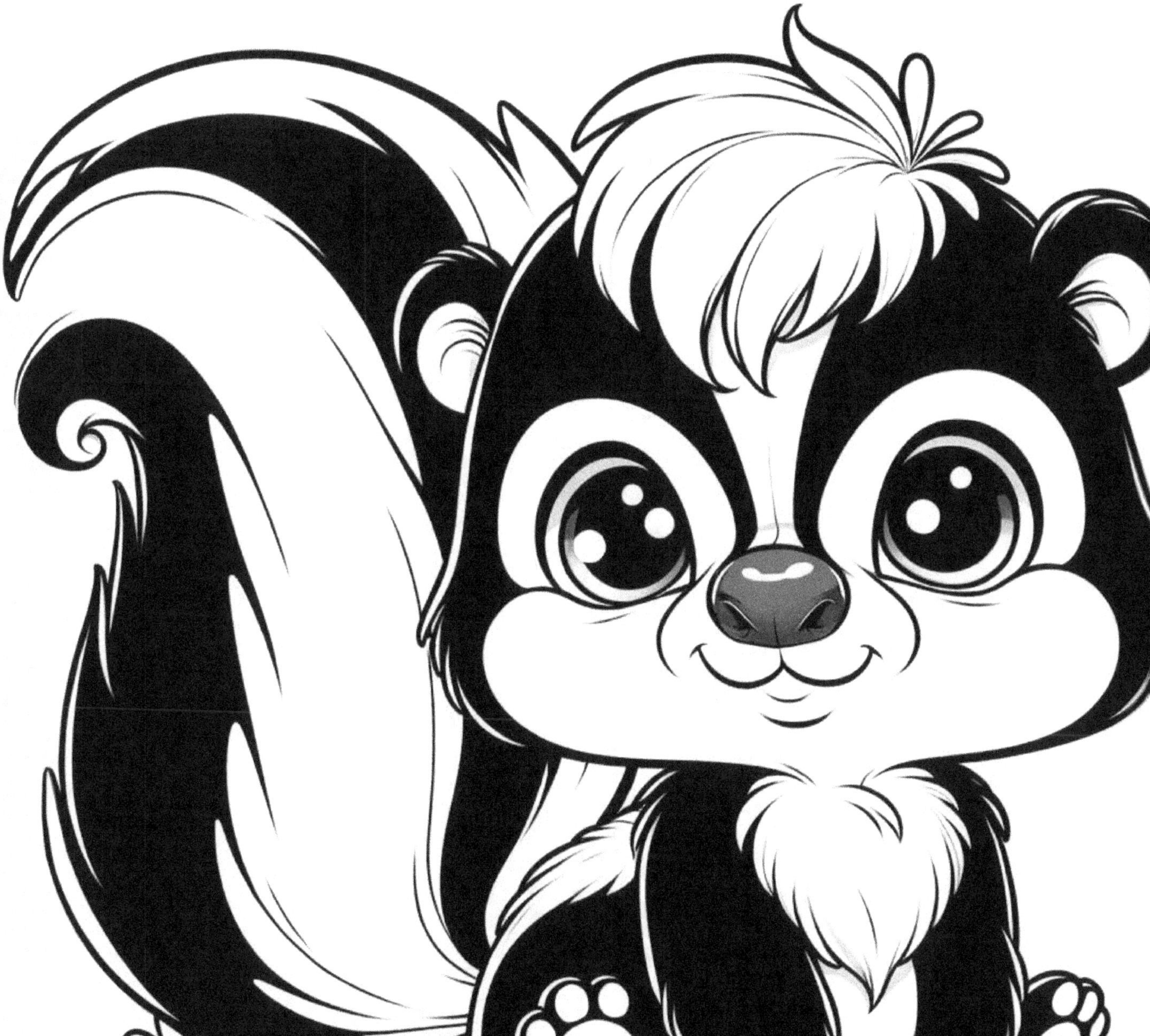

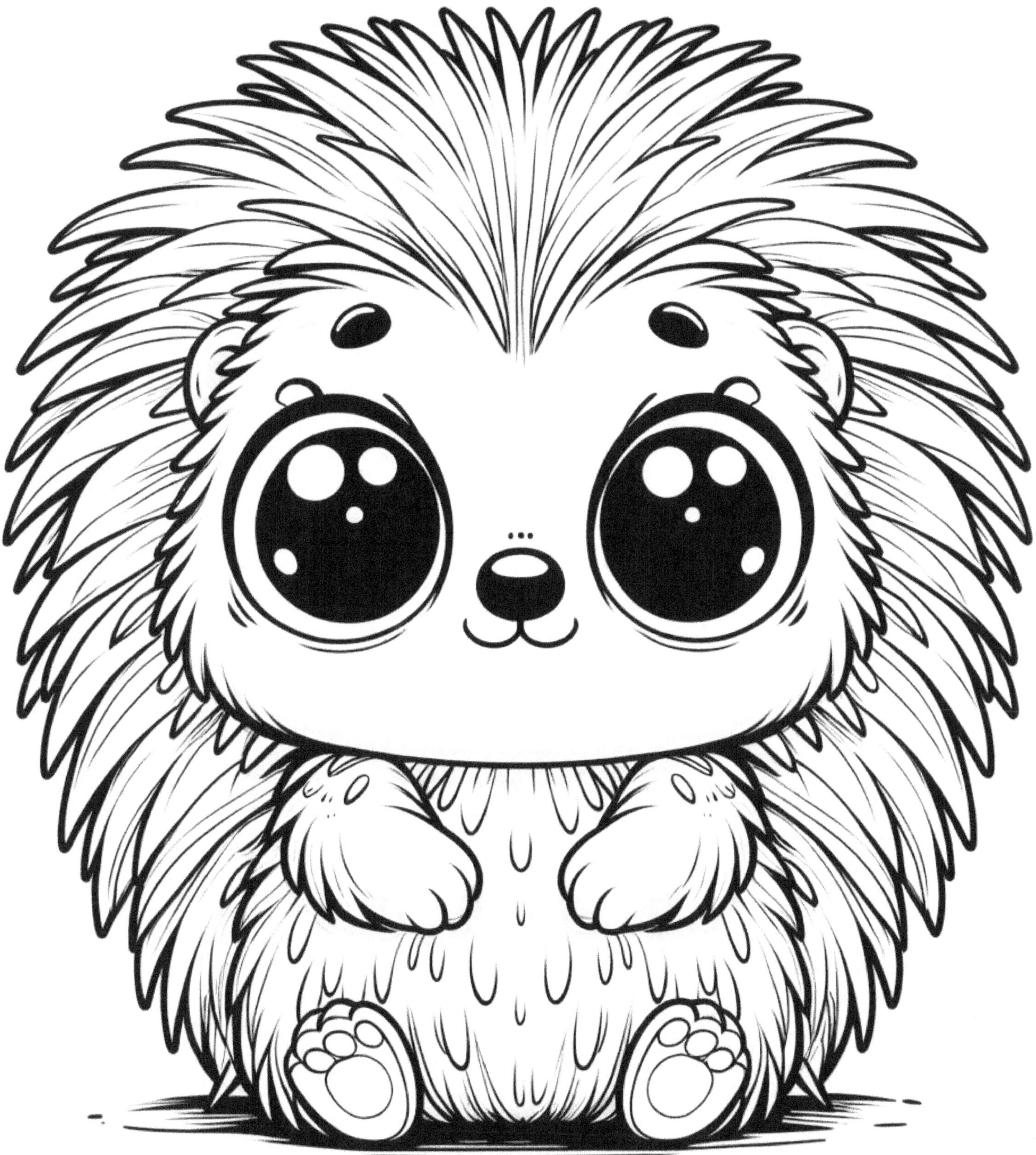

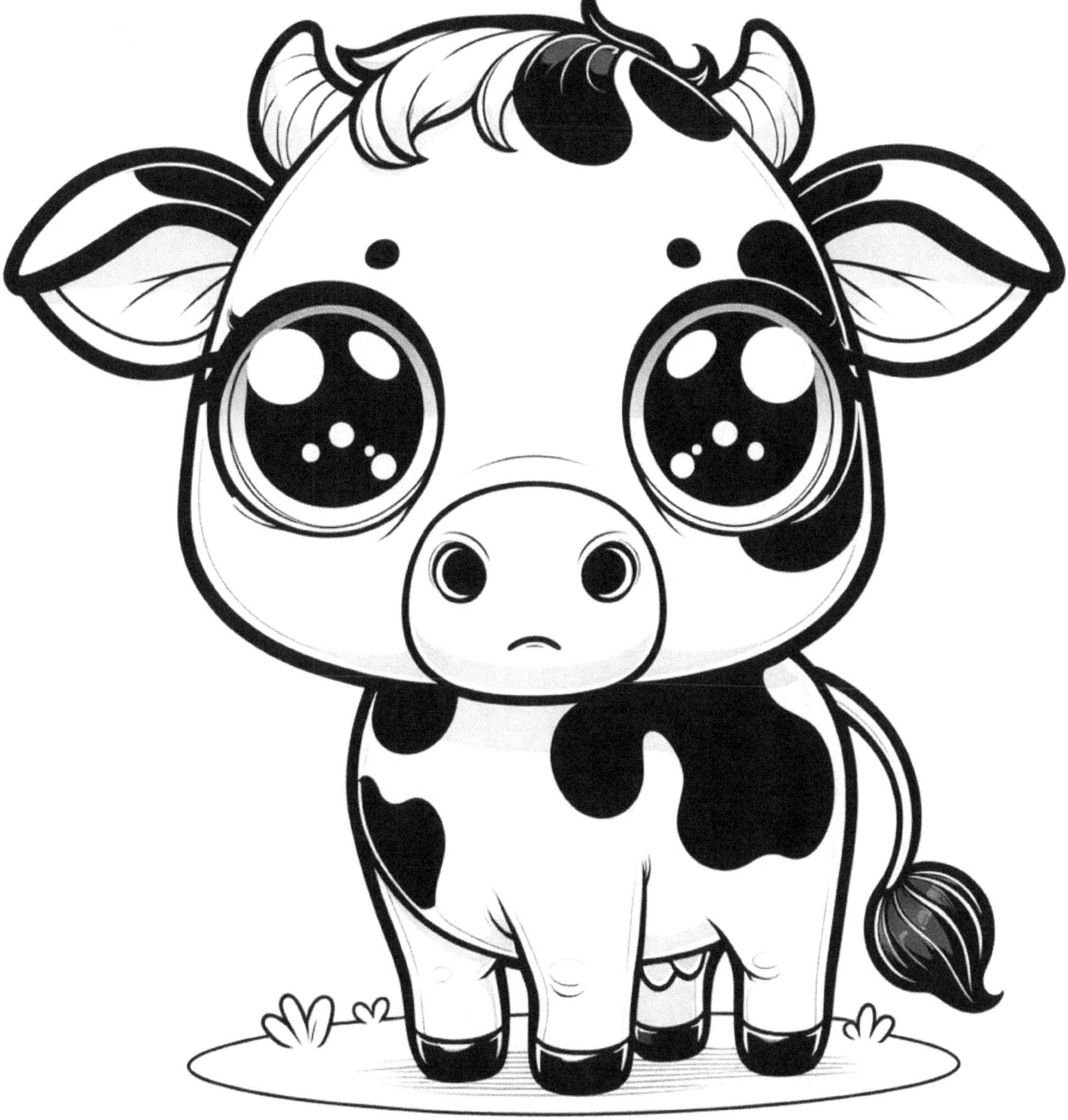

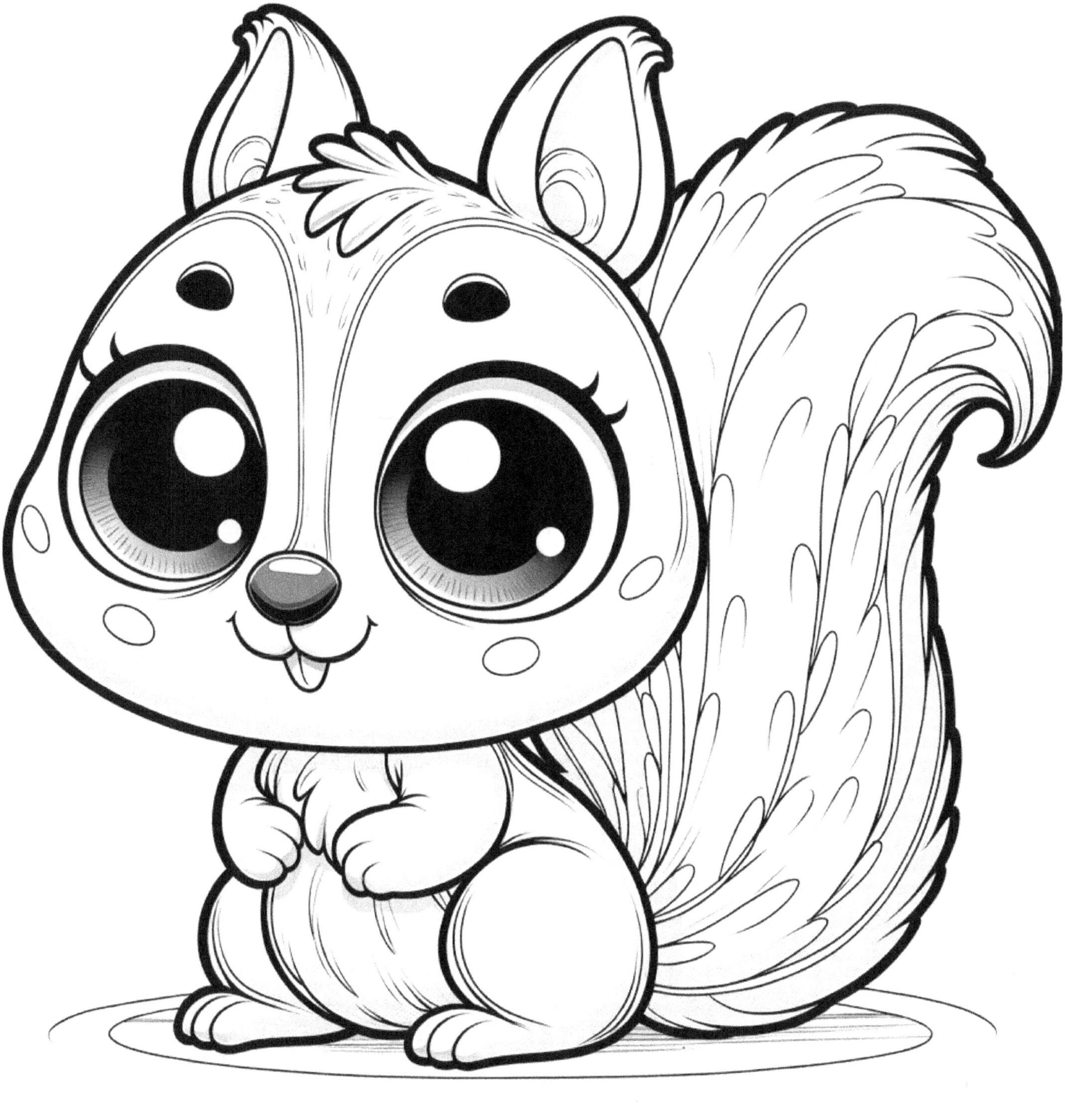

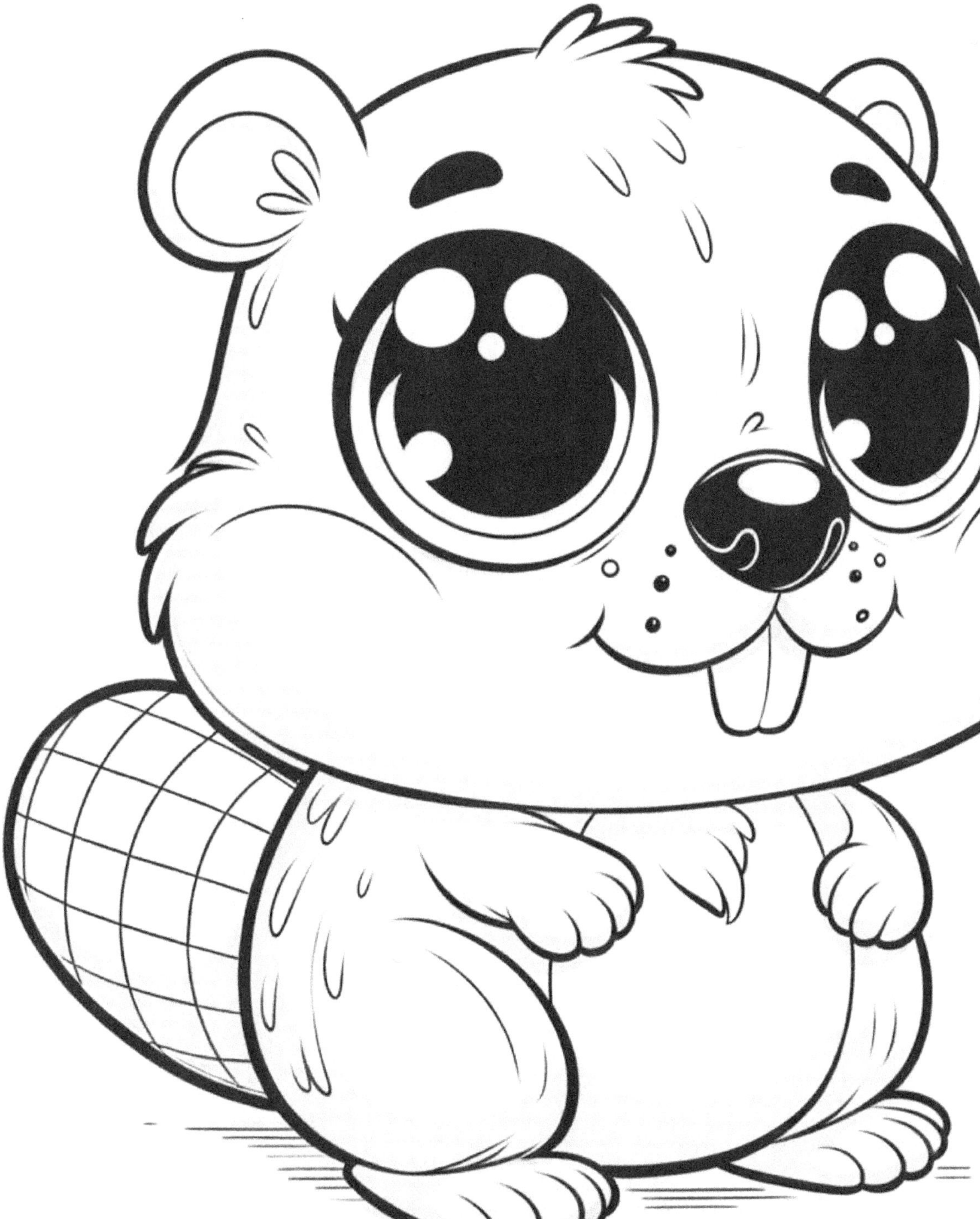

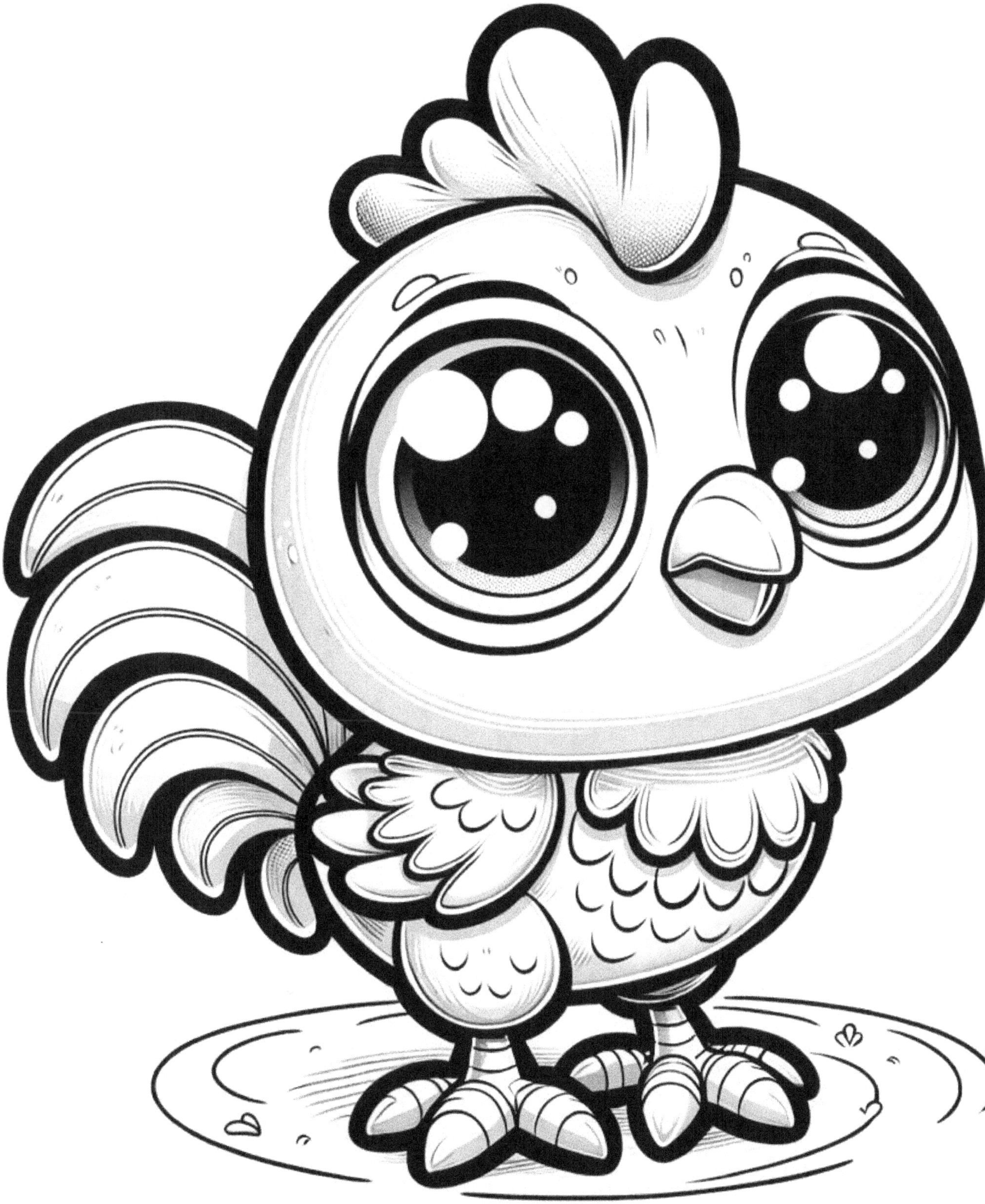

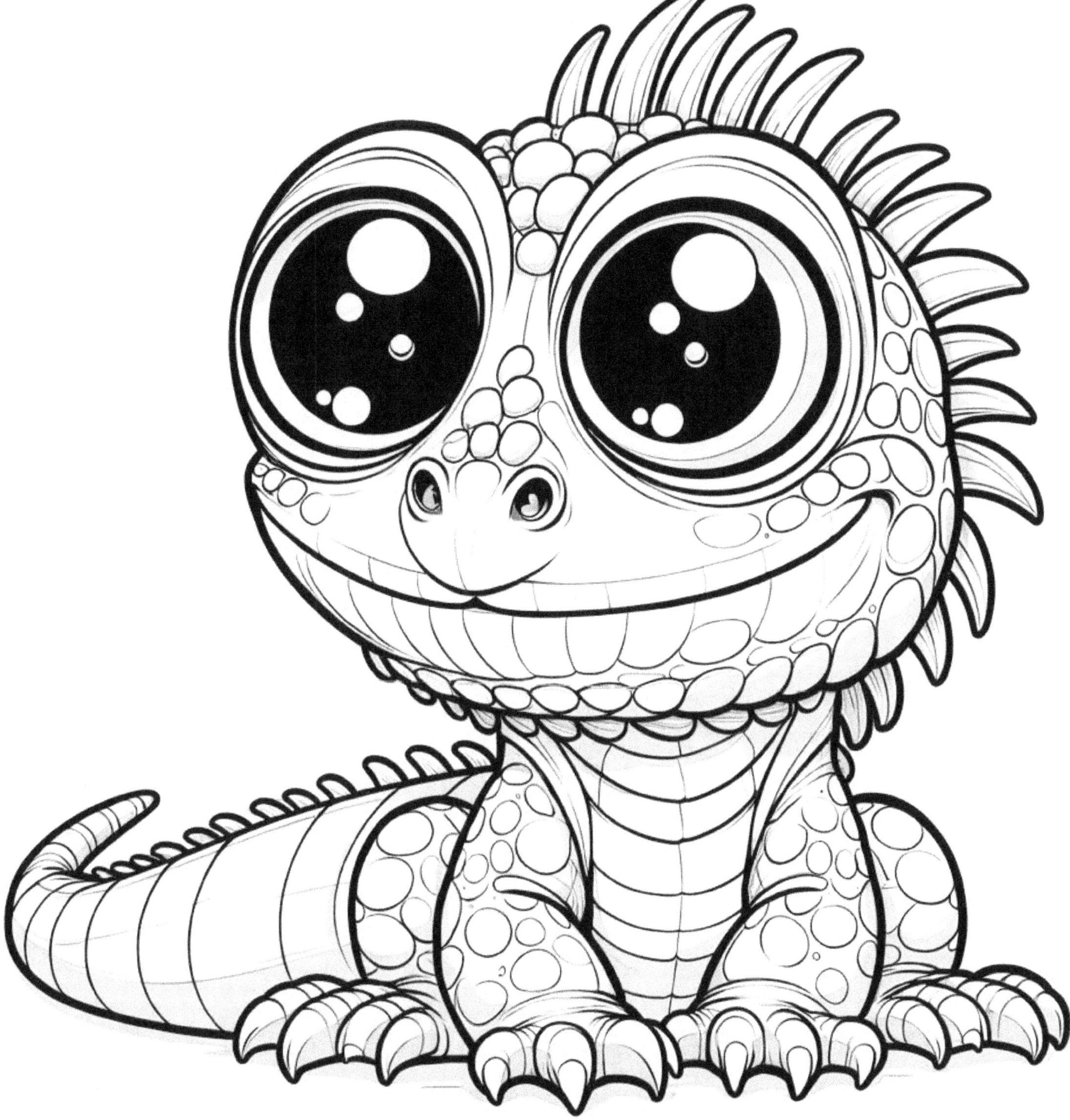

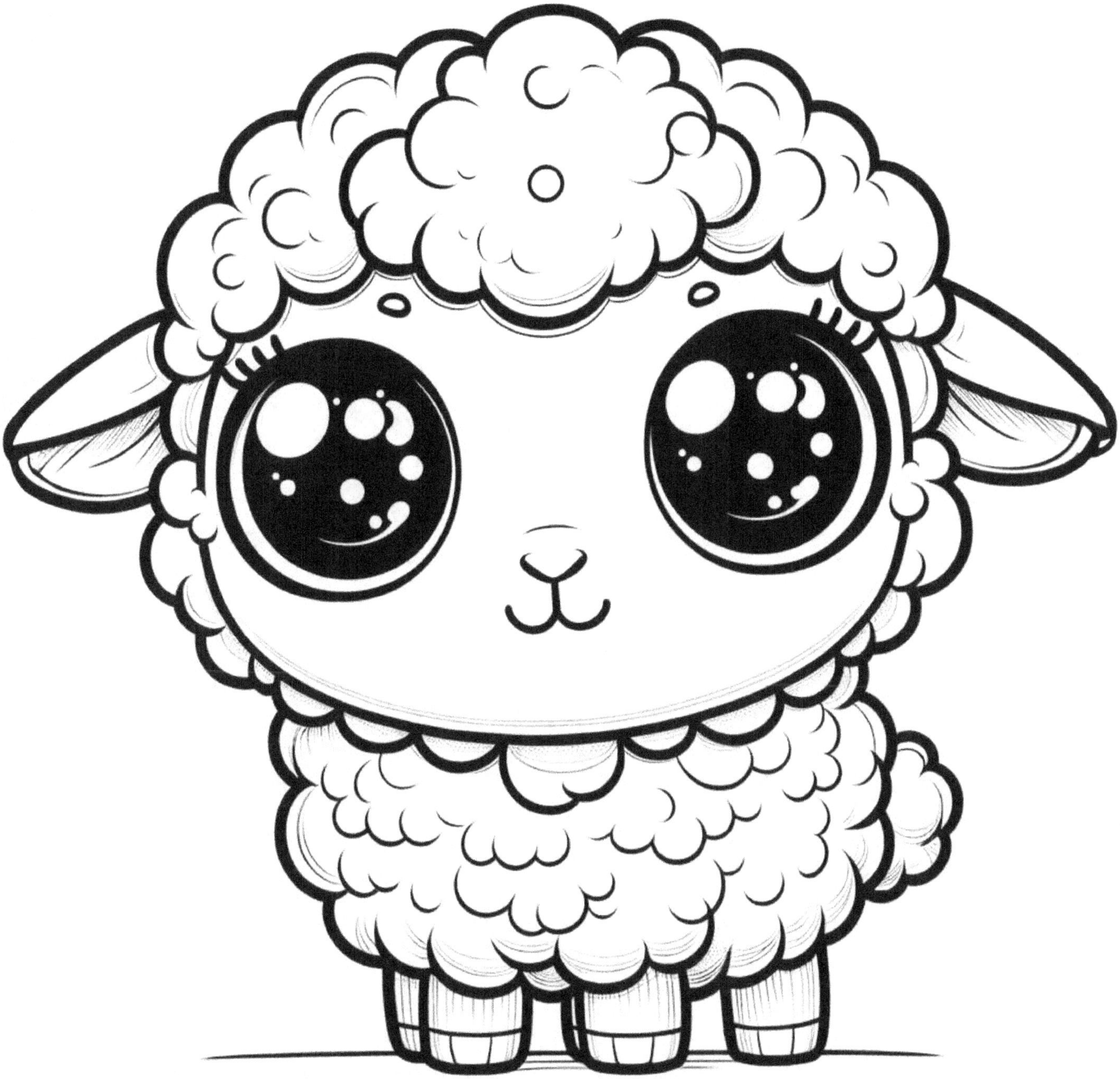

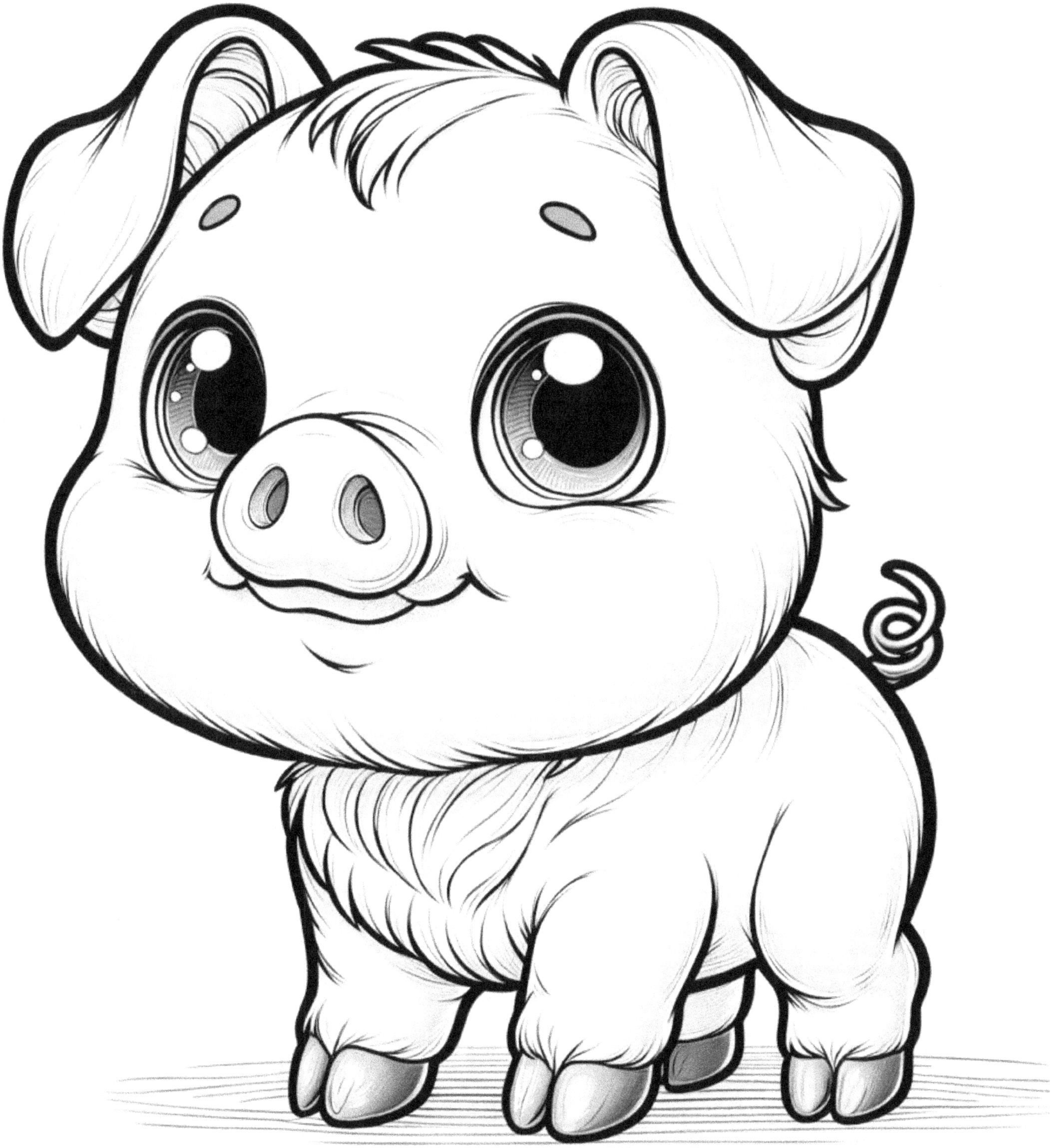

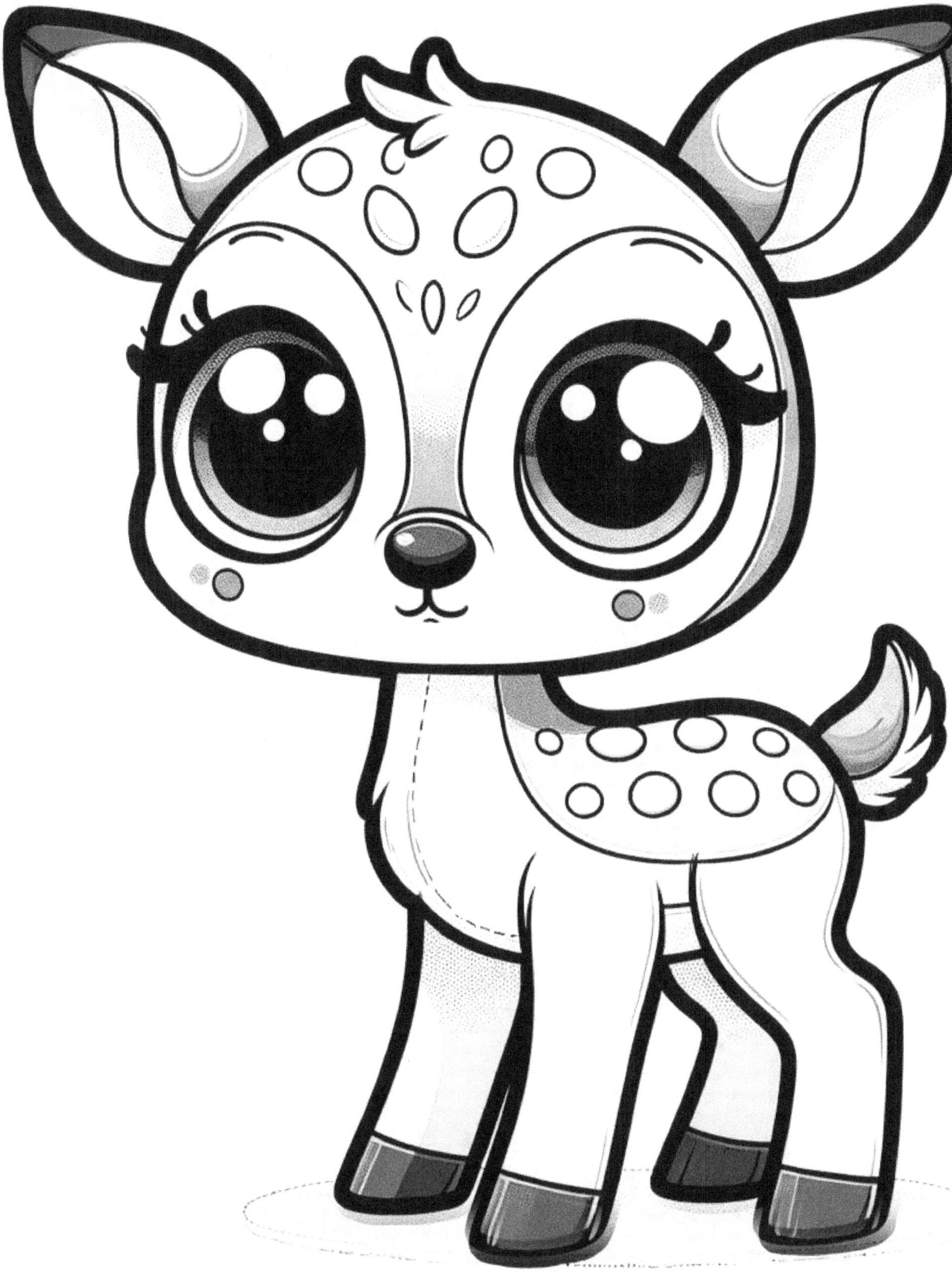

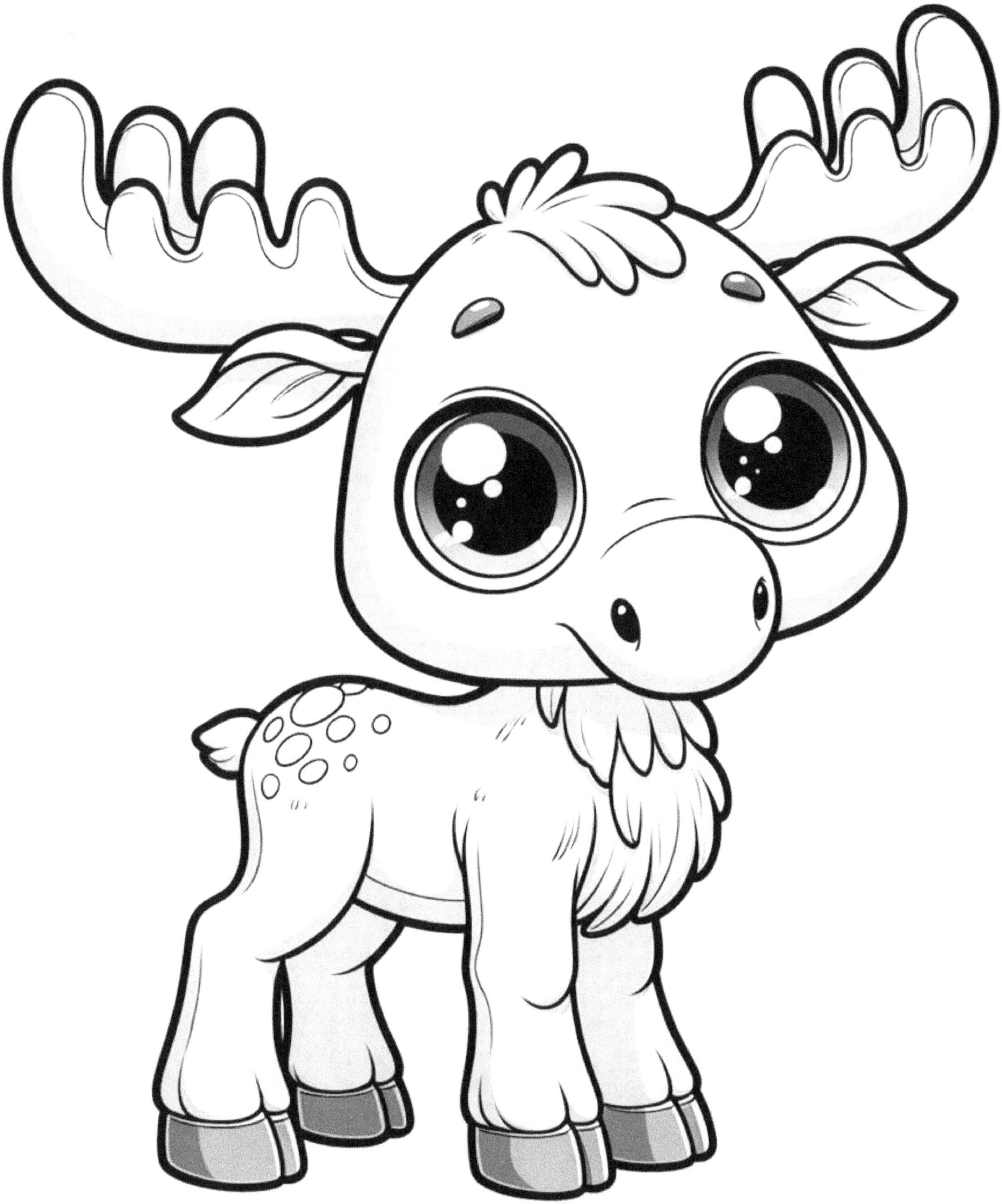

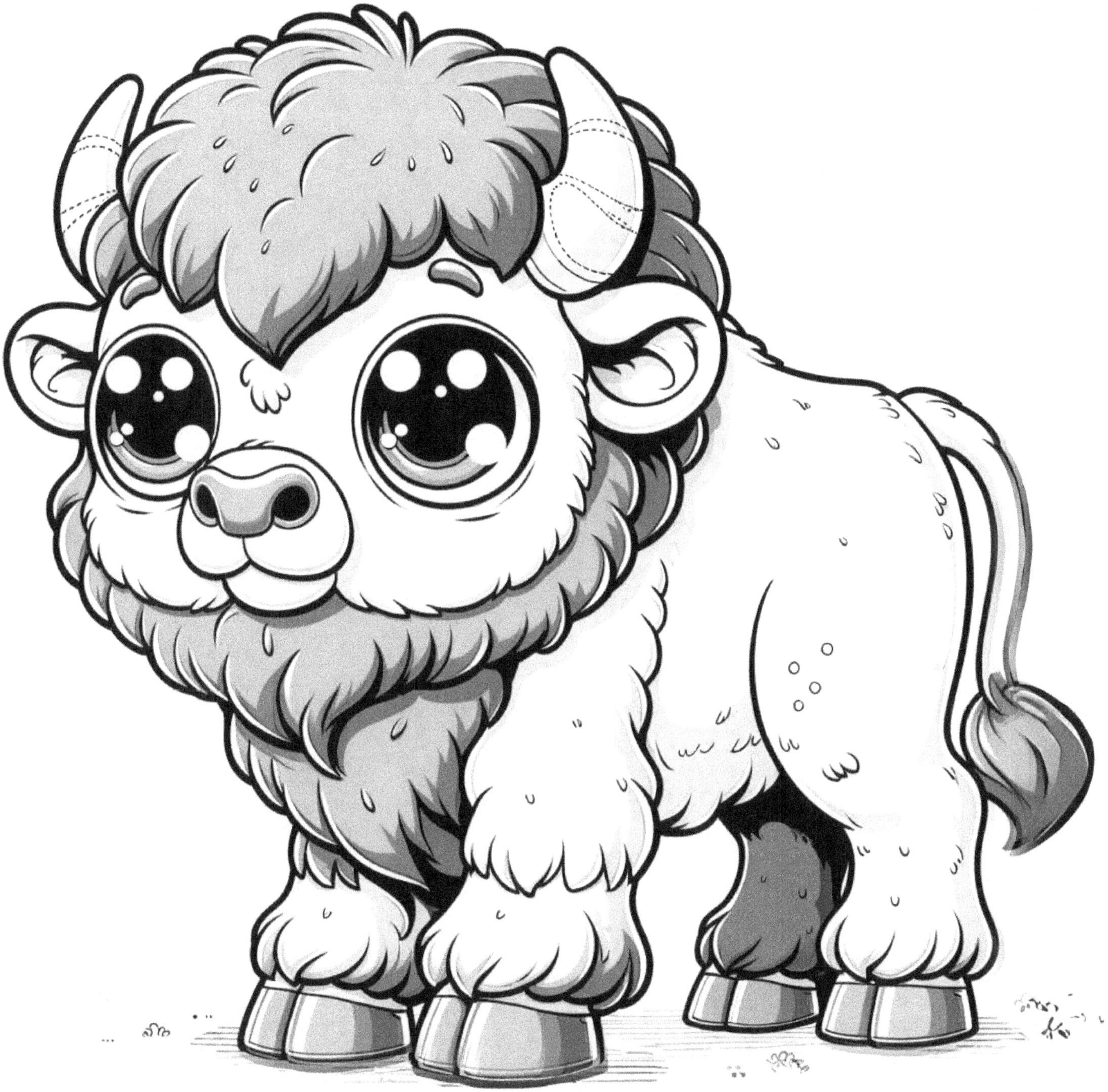

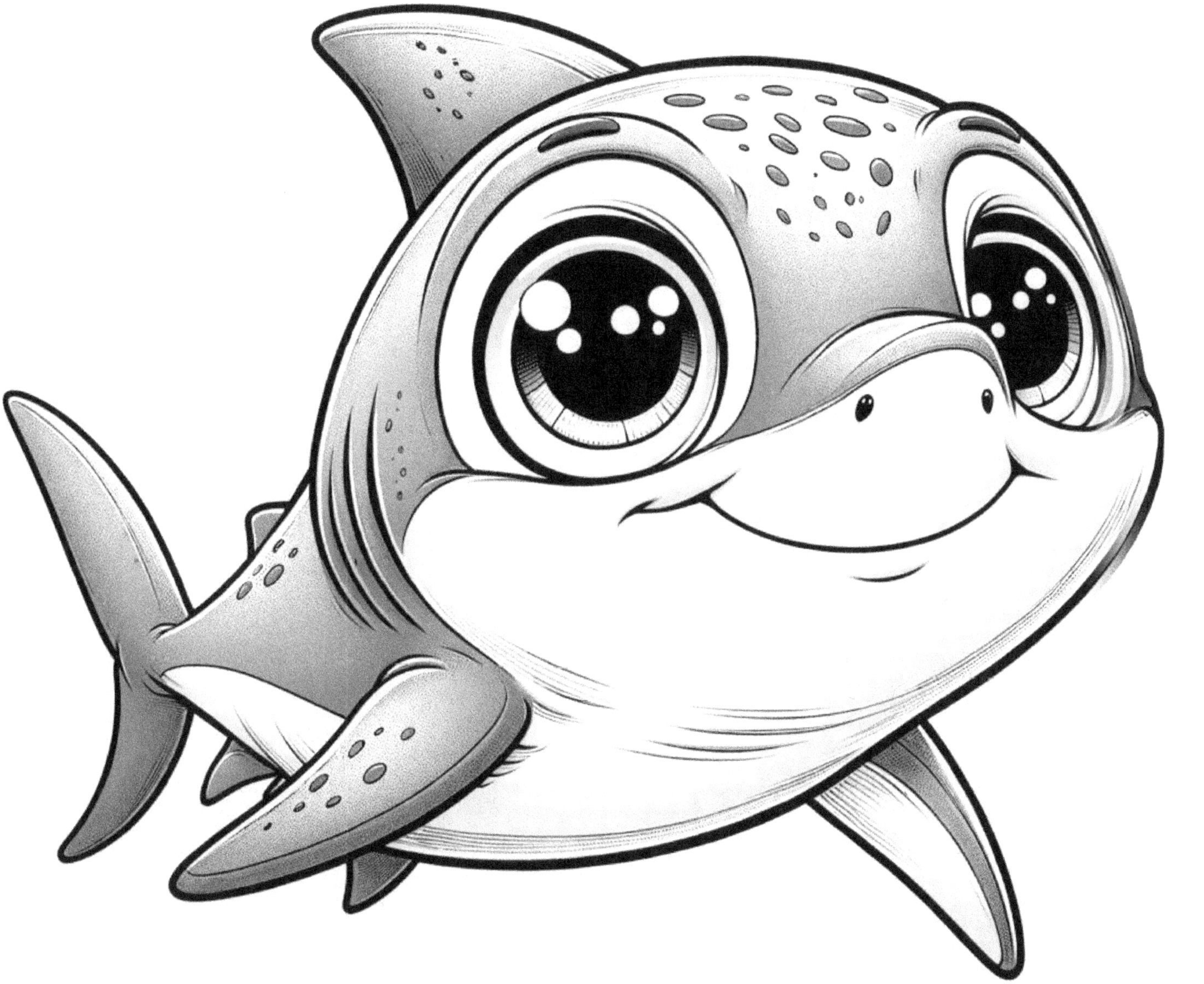

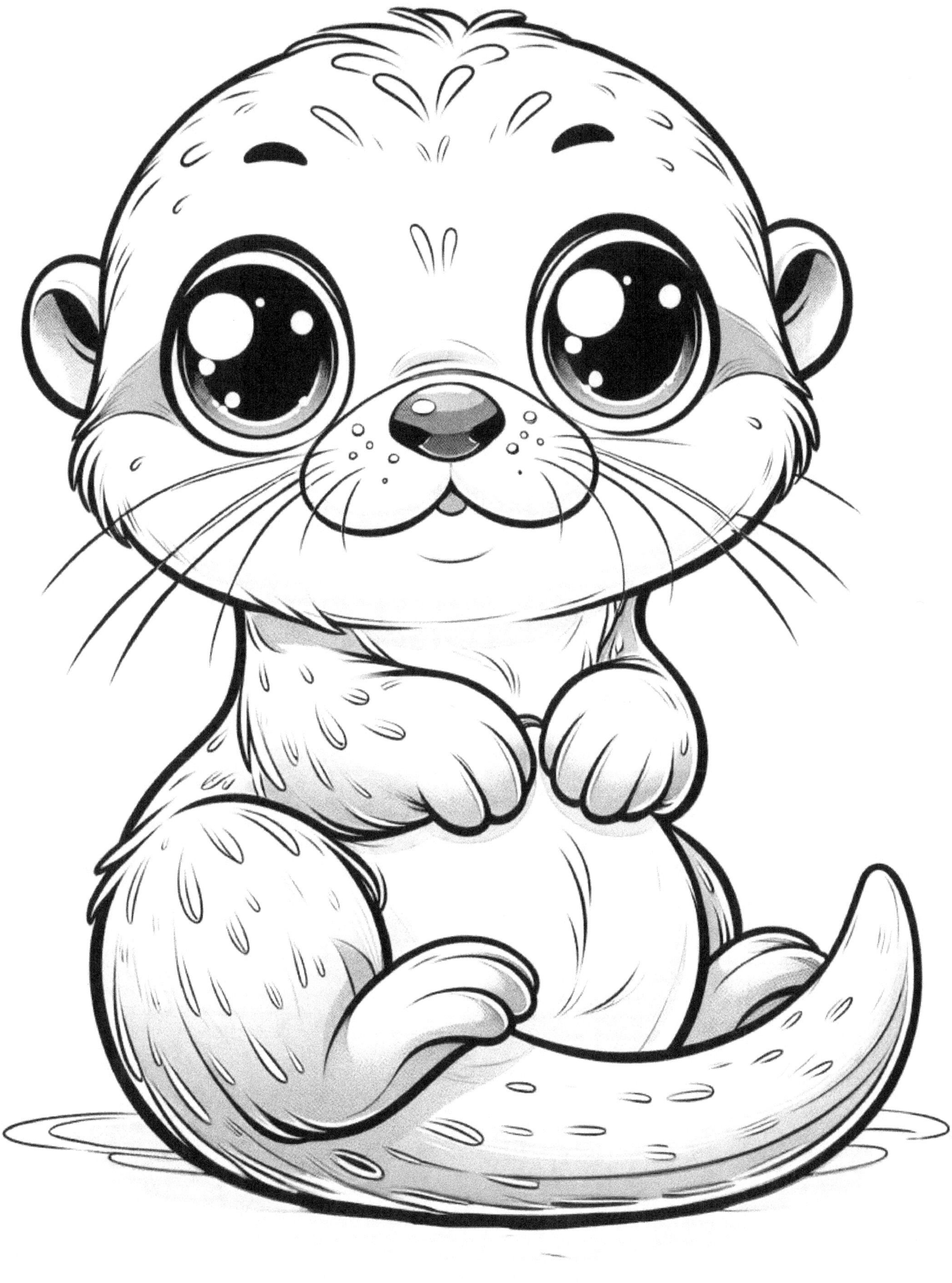

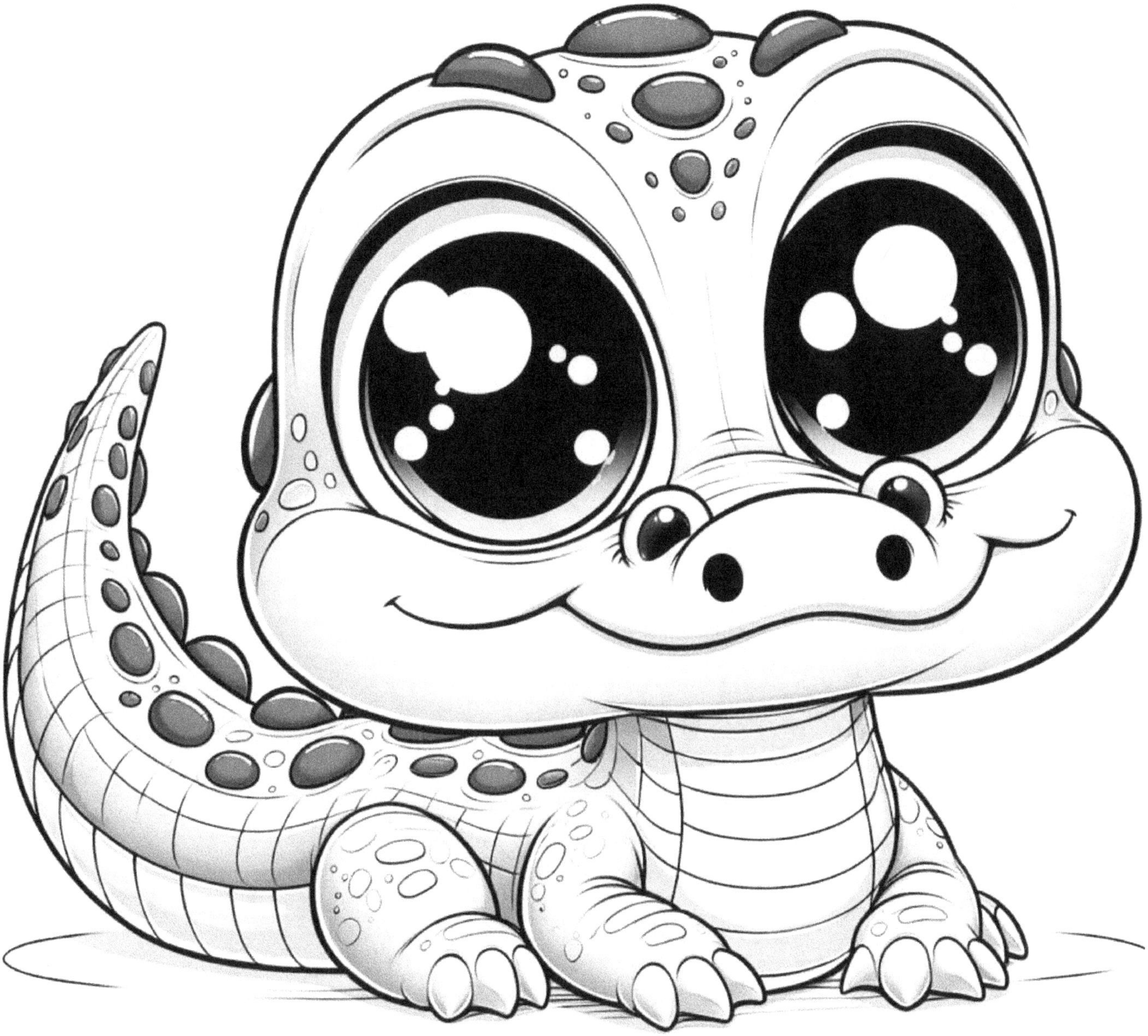

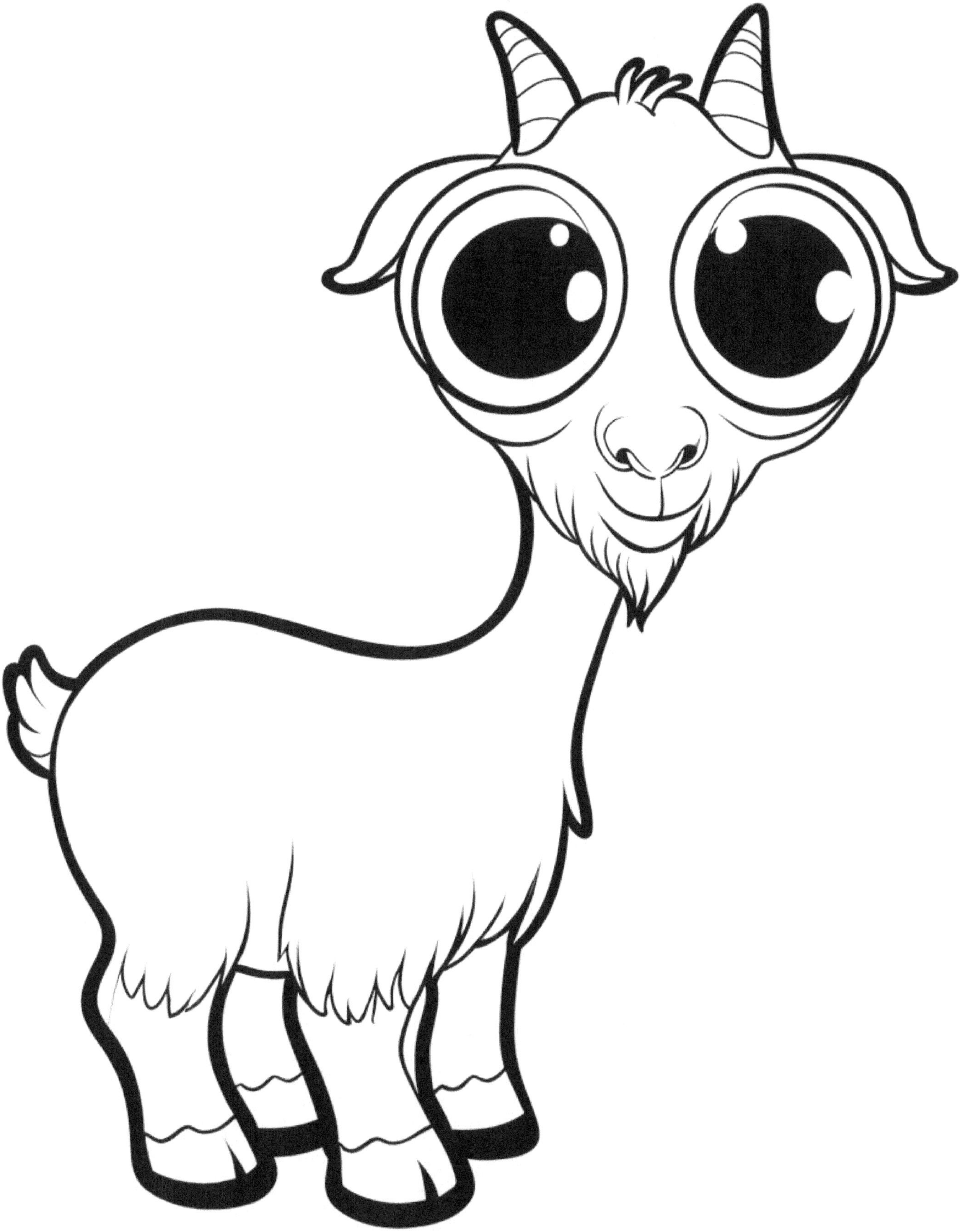

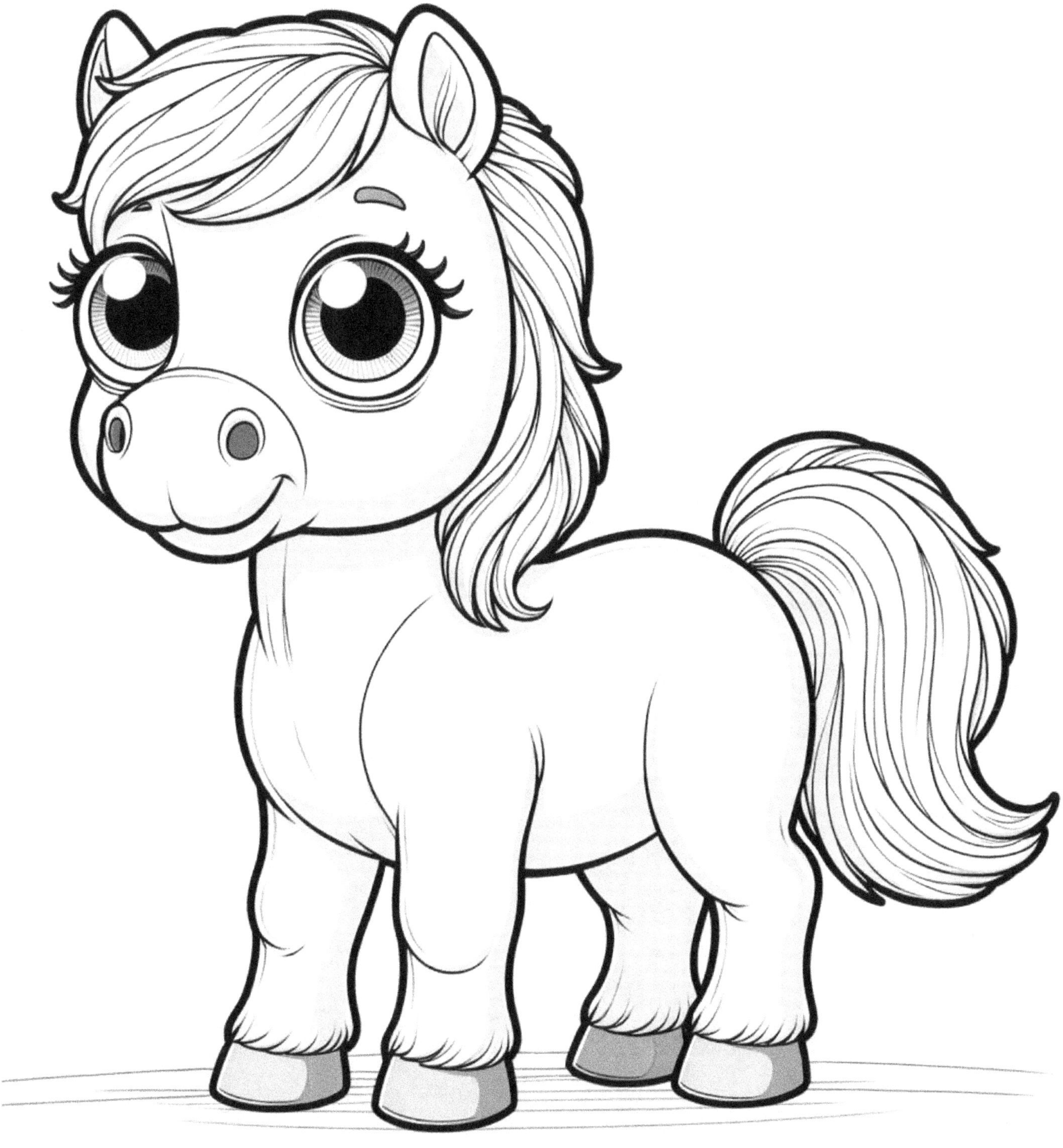

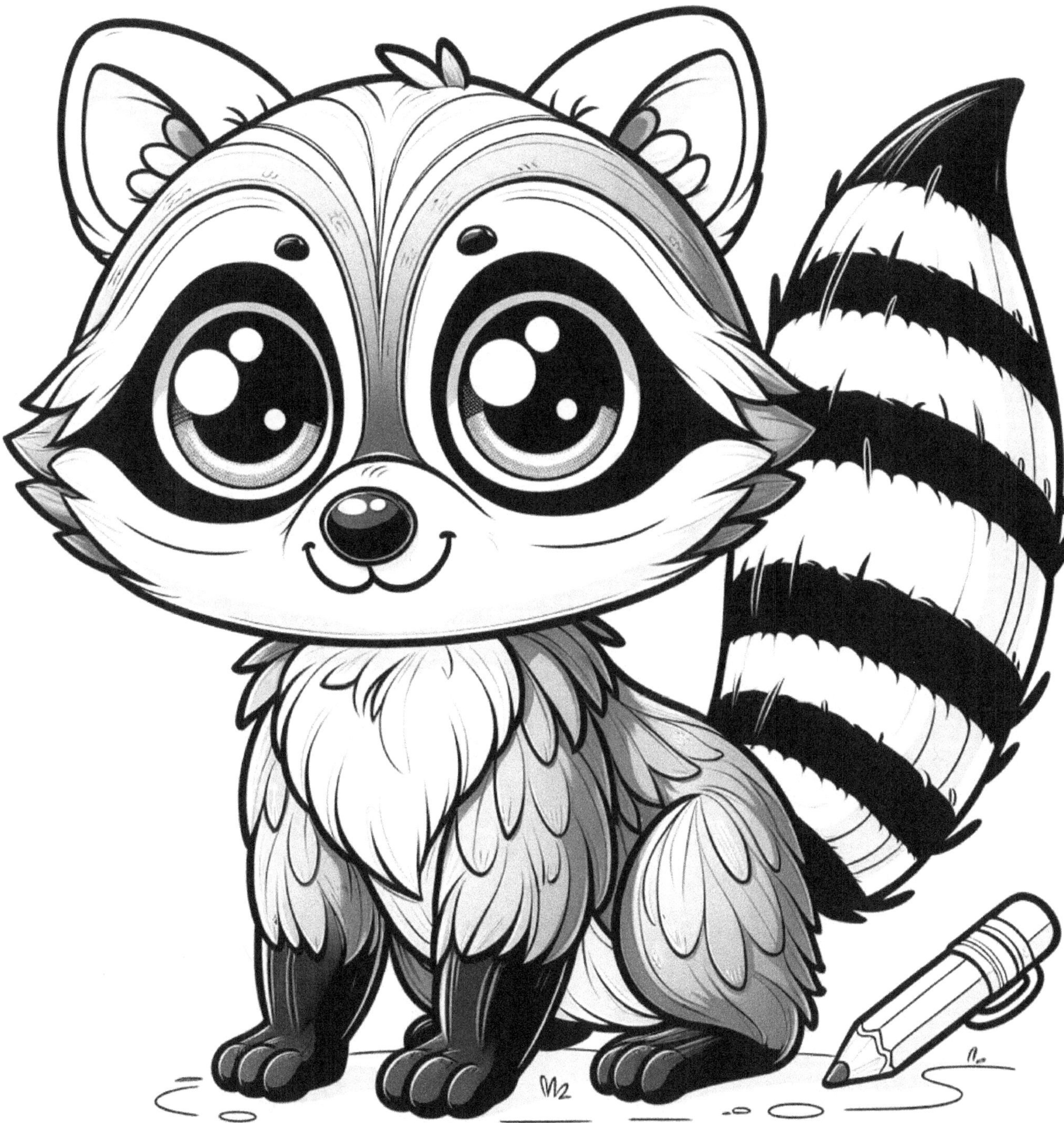

www.ingramcontent.com/pod-product-compliance
Lightning Source LLC
Chambersburg PA
CBHW081114290526
45795CB00006B/2121
* 9 7 9 8 8 8 3 6 9 1 8 0 4 *